BILINGUAL EDITION
PORTUGUESE ORIGINALS | ENGLISH

L I S B O N
POETS

Camões

Cesário

Sá-Carneiro

Florbela

Pessoa

Translated by
Austen Hyde
Martin D'Evelin

Illustrations by
André Carrilho

lisbon
poets
& co.

L I S B O N
POETS

Luís de Camões

Cesário Verde

Mário de Sá-Carneiro

Florbela Espanca

Fernando Pessoa

Translated by
Austen Hyde
Martin D'Evelin

Illustrations by
André Carrilho

lisbon
poets
& co.

TITLE

Lisbon Poets – Camões, Cesário, Sá-Carneiro, Florbela, Pessoa

ORIGINAL POEMS IN PORTUGUESE

Luís de Camões, Cesário Verde,
Mário de Sá-Carneiro, Florbela Espanca, Fernando Pessoa

ENGLISH TRANSLATIONS

Austen Hyde (Camões, Cesário, and Florbela)
Martin D'Evelin (Sá-Carneiro and Pessoa)

TRANSLATIONS REVIEWED BY

Leonor Simas-Almeida (Camões, Cesário, and Florbela)
Rui Vitorino Azevedo (Sá-Carneiro and Pessoa)

ILLUSTRATIONS

André Carrilho

GRAPHIC DESIGN

Dania Afonso

FONTS

Sabon | Usual, by Rui Abreu | Cantata One, by Joana Correia

PUBLISHER

Lisbon Poets & Co.

CONCEPT AND EDITORIAL COORDINATION

João Pedro Ruivo
Miguel Neto

COLLECTION: Lisbon Poets, no. 1
1st edition | June 2015 | Lisbon, Portugal
Printed by: Tipografia Lousanense
Contacts: www.lisbonpoets.co | mail@lisbonpoets.co

ISBN: 978-989-99422-0-2
Legal deposit no. 394912/15

CONTENTS

Se quiserem que eu tenha um misticismo |
If you want me to have mysticism

O mistério das coisas | **The mystery of things**

Pensar em Deus é desobedecer a Deus |
To think about God is to disobey God

The publishers of this book have faced a number of difficult choices in their decision to put together a sample of what they have called the "Lisbon poets", whose oeuvre they intend to introduce to English-speaking readers interested in Portugal's cultural legacy.

They were, of course, well aware of the implicit act of betrayal that any anthology represents, since any selection implies the elimination of numerous worthy options, as they have stated themselves.

I believe, nevertheless, in the overall merits of a project that enables a foreign readership to appreciate poetry widely considered to be of high literary caliber and cultural importance. The five anthologized poets (or rather the eight, given that three of Fernando Pessoa's heteronyms[1] also form part of the ensemble), all of them canonical in the Portuguese literary tradition, can naturally fulfill the role of cultural ambassadors. Camões and Pessoa have long been familiar names globally; as for Florbela Espanca, Mário de Sá-Carneiro and Cesário Verde, although they are already celebrated authors in the more circumscribed sphere of the Portuguese-speaking world, it is time to introduce them to a much larger audience.

Furthermore, there are noteworthy nexuses tying these

---

1. Not to be confused with pseudonyms. Alberto Caeiro, Álvaro de Campos, and Ricardo Reis, are three of the best known heteronyms created by Fernando Pessoa. They existed not as living beings but as personae. Each of them has a biography and a worldview reflected in his particular poetic style. Pessoa even went as far as having them correspond among themselves, and criticize each other's poetry.

poets together, notwithstanding their no less noticeable differences (including but by no means limited to the chronological). Florbela Espanca, for instance, in her choice of the sonnet as her poetic model, as well as in several of her themes and rhetorical devices, follows Camões who, having preceded all the others represented in this collection by more than three hundred years, seems to hang over them as an inspiring halo or, at least, as a pivotal figure to be emulated. But Florbela also shares with her contemporary Mário de Sá-Carneiro the poetic expression of certain forms of narcissism, contradicted, if only apparently, by manifestations of a fragmented self. Cesário Verde, the only one belonging exclusively to the nineteenth century (Pessoa, Florbela and Sá-Carneiro were born in the 19th century but lived part of their years in the 20th), reappears in the poem "The Book of Cesário Verde" by one of Pessoa's heteronyms, the celebrated Alberto Caeiro.

Much more significant than those tangential intertextualities, however, what in my opinion best justifies the assembly of these authors in a common setting is their extraordinary ability, which each of them in his or her own way displays, to balance form and content so harmoniously that one does not need to be a connoisseur of poetry to feel engaged in the reading of their verses.

Which brings me to the other major component of this innovative project titled "Lisbon Poets": the indefatigable labor of these poets' translators. Between the two of them, I wish they could have been the ones writing this foreword, which of course they could not due to the simple circumstances of being, themselves, authors in their own right of this bilingual edition. Still, having had access to a few of their opinions regarding their own work, I will take the liberty of attempting to paraphrase them to a certain extent.

Perhaps due to my own partiality to the significance of an emotional engagement in the act of reading, I found particularly insightful the statement that relatability, that is, the reaching of a reader/reading empathetically related to the written text, is largely responsible for the greatness of the poems included in this anthology. Such "relatability", though, is not easy to obtain. It entails the genius of a poet like Camões who can create verses fitting the language's natural cadences like a glove. Or a poet of Cesário Verde's caliber, whose balance of sophistication with plainness translates into the "freshness and precision" of his comments and observations. Or the voice of a woman like Florbela, claiming her place in a world of men, in strident tones full of music but also of a visceral directness. To mention only a few instances of what makes each poet unique, as well as to offer an idea of how difficult it must be for a translator to try to capture all the nuances and the incredible richness of poetic language.

The translators have felt the maddening difficulty of attempting to be faithful both to the poems' meaning and to the beauty of the sounds and signs conveying such meaning – all while converting them to another language. On the other hand, the pleasure of feeling at times that one has found the *mot juste* did not escape them either.

I would like to conclude this very succinct note by quoting *verbatim* a sentence that eloquently expresses the painstaking nature of translation, especially of poetry. In reference to Cesário Verde, on whose lines he had been working, Austen Hyde, one of the translators,[2] stated that that particular poet's rhythms (though I believe the same could be said of any other in this anthology) "possess a distinctive momentum, which it took countless hours of staring and tweaking to come out with any hope of approaching".

May the readers enjoy the labor of patience and love not only of the outstanding poets in this book but also of their translators, whose many pains, mixed with joy, have given those not familiar with the cadences of the Portuguese language the ability to appreciate a few treasures of Portugal's literary legacy.

Leonor Simas-Almeida
Brown University

---

2. The only of the two translators whom I know personally and whose work for this volume I have revised, with his cooperation. We have also collaborated on previous translation projects.

A port settlement established either by Ulysses, so the legend goes, or by Phoenician sailors, according to archeological findings, Lisbon now spreads out along the north bank of the river Tagus' estuary, a few miles away from the Atlantic Ocean. The city itself has always been a renowned powerhouse of literature in all forms, and its natural and urban landscapes – the immense mirror of water reflecting diverse shades of sunlight sifted through its rolling hills, old traditional buildings and viewing points, along with the picturesque villages of Sintra, Cascais and Estoril – have certainly inspired several generations of poets, not least Lord Byron, a key figure of Romanticism.

Yet the poetry of Lisbon has intangible roots whose relevance is far greater than that of its postcard scenery. Like most capital cities, Lisbon is a lively theatre of elite and mass interactions and a tangled web of social, economic and political relationships. In addition, and quite surprisingly, this capital city of a medium-small state in the southwest of Europe, and a semi-peripheral country in the world economy, was also the head of a multi-centennial and multi-continental empire that only came to an end in the mid-1970s.

Stemming from this geographic, economic and political positioning in Europe, and the world, three main influences have shaped the way Lisbon has culturally evolved over time: first, the models of leading European countries (and more recently the United States), adopted and adapted by a forward-thinking elite; second, the countervailing reactions of a rather parochial vein, nurtured by the country's isolation on the periphery of Europe; finally, the legacies of the Portuguese maritime discoveries, colonial expansion and post-imperial condition.

These influences have long coexisted, though at times in a somewhat strained relationship, in the city's architecture, arts, music and literature. Therefore, across the pages of this book you will find traces of this distinct cultural puzzle that has influenced the Lisbon poets' interpretation of universal themes such as those of love and joy, distance and longing, misunderstanding and solitude, despair and death.

Lisbon Poets is a five-authored poetry anthology. As in any other book of the sort, our selection represents a double act of injustice, for several outstanding poets and verses were sadly omitted. However, this book is just the beginning of a longer journey to disseminate a broader spectrum of Lisbon's poetic legacy. Meanwhile, to partially compensate for what might be considered the unfairness of our selection, we have listed key reference books published in English both of and on Portuguese poetry at the end of this volume.

The pages of this book also carry a double act of literary betrayal. Our idea was to produce a more portable volume and this has, as such, resulted in some of the longer poems being published as excerpts. Insurmountable biological reasons precluded the prior acquiescence of the poets concerned, who, if they had been able, would perhaps have strenuously objected to having their lines mercilessly cut and eliminated. This flaw is also one we truly hope to repair soon, through the publication of single-authored volumes that will include the full versions of those poems.

In addition, we dared to commission the translation of the poems from Portuguese into English, so that the lines of Lisbon Poets could travel beyond the borders of the Portuguese-speaking communities. *Traduttore*, *traditore*, and the *tradimento* is probably at its highest when associated with the task of translating poetry. Sense and form usually go hand in hand in verse. But when it comes to poetry translation, even the most skillful practitioners will face the classical trade-off between sense and versification. Here and there, deviations in wording and meaning, disregards for metre and rhyme, in various forms and combinations, are certainly among the translators' legitimate options to survive their task. Unfortunately, and perhaps inevitably, something must be discarded and lost.

Remaining loyal to the gist of the source is said to be the *sine qua non* for any quality translation. Yet even the gist may be a difficult thing to grasp in poetry. In one of his most celebrated poems, "Autopsychography", Fernando Pessoa refers to the plurality of poetic pains: the poet's pains (the real, the felt, and the written), and also the reader's pains (the read, the felt, and the real). If to all these pains we add those of the translator (the real, the felt, the read, and the written), translated poems simply end up in a sort of inscrutable labyrinth of pains.

With such pitfalls taken into consideration, we decided to bring this project to life, as we believed it to be innovative and worth doing. Our first purpose is to offer all English-speaking readers interested in the cultural legacy of Lisbon an easy-to-carry and affordable book with quality translations of verses written by great poets who were born or lived in Lisbon. In this book, the globally celebrated Luís de Camões and Fernando Pessoa are joined by three other poets widely praised within the Portuguese-speaking world: Cesário Verde, Mário de Sá-Carneiro, and Florbela Espanca.

Our second purpose is to arouse the reader's interest in the Portuguese language. And this is essentially why you will find the original lines side by side with the translated versions in English. Anytime your curiosity leads your eyes to the opposite page and you venture into the original versions, this book will be smoothly disseminating the Portuguese language in its finest expression, through the tried and tested method of informal transmission. If this is the case, we hope that soon you will find yourself learning the native language of Camões and Pessoa, Cesário, Sá-Carneiro and Florbela, and of so many other poets of Portugal, Brazil, Angola, Mozambique, Cabo Verde, São Tomé and Príncipe, Guinea-Bissau, East Timor and Macau.

A last word must be said about the excellent and enthusiastic contributions of all the outstanding professionals we had the opportunity to involve in this project. We would like to warmly thank Austen Hyde and Martin D'Evelin for their fine art of translating poetry, André Carrilho for his impressive illustrations (which are another kind of poetry), Leonor Simas-Almeida and Rui Vitorino Azevedo for reviewing the poems with a critical eye, and Dania Afonso for the careful and inspired layout. Finally, we truly appreciate the generous foreword of Leonor Simas-Almeida and the stimulating support, wise comments and critiques of Onésimo Teotónio Almeida from an early stage of this journey.

We wish that you enjoy the verses and illustrations that follow and share them with your loved ones.

J.P.R. / M.N.

Austen Hyde holds a BA in Portuguese & Brazilian Studies and Comparative Literature from Brown University, where he specialized in Portuguese translation. Austen started translating poetry when he was twelve years old and has written poems since the age of five. He teaches Shakespeare at a summer programme coordinated by the University of Texas at Austin's English Department, and has conducted workshops on interpreting Shakespeare's poetics in performance (as well as produced, directed, and acted in numerous plays) through the Brown University student theatre group Shakespeare on the Green. He is from Austin, Texas.

Martin D'Evelin arrived in Portugal in 1995 and spent a great deal of his professional life working there, principally for the British Council in Lisbon. He has also lived and taught in Spain, England, the Czech Republic, and Belgium. But it was whilst in Lisbon that he attained his Licentiate in teaching adults as a second language. As a young man he had a great interest in poetry and literature in general and this in turn led to the publication of some of his own works in his early twenties. Apart from language books, in all their forms, he is passionate about horse racing and politics. Language and politics have intertwined in the research he is conducting to conclude a Master's programme in Diplomacy and International Relations.

André Carrilho is a designer, illustrator, cartoonist, animator and caricature artist, born in Lisbon, Portugal. He has won several national and international prizes and has shown his work in group and solo exhibitions in Brazil, China, the Czech Republic, France, Portugal, Spain and the USA. In 2002 he was awarded the Gold Award for Illustrator's Portfolio by the Society for News Design (USA), one of the most prestigious illustration awards in the world. His work has been published by The New York Times, The New Yorker, Vanity Fair, New York Magazine, Standpoint, Independent on Sunday, NZZ am Sonntag, Word Magazine, Harper's Magazine and Diário de Notícias, among other publications.
www.andrecarrilho.com

Luís de Camões

Sonetos | **Sonnets**

OS LUSÍADAS | *THE LUSIADS*

Luís de Camões

Luís de Camões (c. 1524 – Lisbon, 10 June 1580) is considered the national poet of Portugal, as much for his composition of a national epic, *Os Lusíadas* (*The Lusiads*), as for his foundational mastery of Renaissance lyric forms in the Portuguese tongue. His legacy continues to exert immeasurable influence across the Portuguese-speaking world and its various literatures, so much so that to this day Portuguese is sometimes referred to as "the language of Camões". Little is known for certain about his life. Camões may or may not have been born in Lisbon, studied at the University of Coimbra, and/or been exiled at some point by King John III. In any case, for most of two decades he traveled the Portuguese Empire, then at its height, from Morocco, where he was blinded in his right eye while doing military service, to Cambodia, where he survived the shipwreck that killed his Chinese mistress, Dinamene, to Mozambique, where he ran out of money. With the help of his friend the historian Diogo do Couto, Camões was able to return to Lisbon, where he published *Os Lusíadas* in 1572 and was remunerated with a pension by King Sebastião, to whom he dedicated the epic.

A.H.*

* Austen Hyde writes in American English.

Amor é um fogo que arde sem se ver

Amor é um fogo que arde sem se ver,
é ferida que dói, e não se sente;
é um contentamento descontente,
é dor que desatina sem doer.

É um não querer mais que bem querer;
é um andar solitário entre a gente;
é nunca contentar-se de contente;
é um cuidar que ganha em se perder.

É querer estar preso por vontade;
é servir a quem vence, o vencedor;
é ter com quem nos mata, lealdade.

Mas como causar pode seu favor
nos corações humanos amizade,
se tão contrário a si é o mesmo Amor?

Love is a fire that can burn unseen

Love is a fire that can burn unseen.
It is a stinging wound that can't be felt,
a pleasure whose displeasure's always keen,
a maddening pain from where no pain is dealt.

It is a yearning for no more than yearning,
it's, in a crowd, a solitary musing,
it's each enjoyment's joyless overturning,
it's a belief a gain is gained in losing.

It's wanting to go freely to our capture,
a victory in serving our enslaver,
faith towards the very killer to inflict

our end. How can its graces so enrapture
our human hearts, instill in them such favor,
when Love itself can so self-contradict?

Aquela triste e leda madrugada

Aquela triste e leda madrugada,
cheia toda de mágoa e de piedade,
enquanto houver no mundo saudade
quero que seja sempre celebrada.

Ela só, quando amena e marchetada
saía, dando ao mundo claridade,
viu apartar-se duma outra vontade,
que nunca poderá ver-se apartada.

Ela só viu as lágrimas em fio,
que duns e doutros olhos derivadas
se acrescentaram em grande e largo rio.

Ela viu as palavras magoadas
que puderam tornar o fogo frio,
e dar descanso às almas condenadas.

Of that forlorn and happy breaking day

Of that forlorn and happy breaking day
that rose so full of ache and sweet devotion,
as long as hearts have yearning in their motion
let the remembrance in the world hold sway.

Only the daybreak, mottled and serene
as she peeked up to cast her lighting gaze,
looked on as one desire parted ways
with one more, never after to be seen.

Only she saw the streaming teardrops well
together, as they ran from each one's eyes,
into a river's long and widening surge.

The daybreak glimpsed the brokenhearted words
that could have turned a fire into a freeze
and granted rest to souls condemned in hell.

Alma minha gentil, que te partiste

Alma minha gentil, que te partiste
tão cedo desta vida descontente,
repousa lá no Céu eternamente,
e viva eu cá na terra sempre triste.

Se lá no assento Etéreo, onde subiste,
memória desta vida se consente,
não te esqueças daquele amor ardente
que já nos olhos meus tão puro viste.

E se vires que pode merecer-te
alguma cousa a dor que me ficou
da mágoa, sem remédio, de perder-te,

roga a Deus, que teus anos encurtou,
que tão cedo de cá me leve a ver-te,
quão cedo de meus olhos te levou.

My gentle soul, my own, who took your leave

My gentle soul, my own, who took your leave
so quickly from this life without content,
forever rest in heaven where you're sent,
while here upon the earth I live to grieve.

If it is granted in the ethereal skies
that any memory from this life endure,
do not forget the love that burned so pure,
whose fire you once saw within my eyes.

And if you find the hopeless pain and tears
that losing you has left me to inherit
may earn for you, before your God, some merit,

entreat that He, who cut so short your years,
take me as quickly from my earthly plight
to see you, as he took you from my sight.

Erros meus, má fortuna, amor ardente

Erros meus, má fortuna, amor ardente
em minha perdição se conjuraram;
os erros e a fortuna sobejaram,
que para mim bastava o amor somente.

Tudo passei; mas tenho tão presente
a grande dor das cousas que passaram,
que as magoadas iras me ensinaram
a desejos deixar de ser contente.

Errei todo o discurso de meus anos;
dei causa a que a Fortuna castigasse
as minhas mal fundadas esperanças.

De amor não vi senão breves enganos.
Oh! Quem tanto pudesse, que fartasse
este meu duro génio de vinganças!

My own mistakes, cruel fortune, and love's flame

My own mistakes, cruel fortune, and love's flame
devised a plot together to undo me.
Mistakes and fortune were a surfeit to me;
Love alone would have done for me the same.

I'm past it; yet I still feel the excess
of pain so freshly now from troubles past,
that from their sorry rage I've learned at last
never to take desires for happiness.

The whole tale of my years, I was mistaken,
and with my groundless hopes I did my part
to earn my troubles; Fortune was no cheat.

I've known no love but flashes of deceit.
Oh, if some power only would awaken
the vengeance that could sate my hardened heart!

Mudam-se os tempos, mudam-se as vontades

Mudam-se os tempos, mudam-se as vontades,
muda-se o ser, muda-se a confiança;
todo o mundo é composto de mudança,
tomando sempre novas qualidades.

Continuamente vemos novidades,
diferentes em tudo da esperança;
do mal ficam as mágoas na lembrança,
e do bem (se algum houve) as saudades.

O tempo cobre o chão de verde manto,
que já coberto foi de neve fria,
e em mim converte em choro o doce canto.

E afora este mudar-se cada dia,
outra mudança faz de mor espanto,
que não se muda já como soía.

The times change, the desires change

The times change, the desires change, and who
we are, and what we trust, keeps changing with them;
the whole world is composed of change's rhythm,
forever shifting qualities anew.

Constantly we see new things, every this
and that showing our guess was ill-attuned;
and when they bring us hurt, we keep the wound,
while what was good (if anything), we miss.

Time cloaks the ground in green, where it before
lay covered underneath the snowy cold;
in me, it turns to tears what was sweet song.

And as these daily changings pass along,
another change amazes me still more:
things don't change now the way they changed of old.

A partida para a Índia
Canto IV, Estrofes 84 e 85

E já no porto da ínclita Ulisseia,
Cum alvoroço nobre e cum desejo
(Onde o licor mistura e branca areia
Co salgado Neptuno o doce Tejo)
As naus prestes estão; e não refreia
Temor nenhum o juvenil despejo,
Porque a gente marítima e a de Marte
Estão para seguir-me a toda a parte.

Pelas praias vestidos os soldados
De várias cores vêm e várias artes,
E não menos de esforço aparelhados
Para buscar do mundo novas partes.
Nas fortes naus os ventos sossegados
Ondeiam os aéreos estandartes.
Elas prometem, vendo os mares largos,
De ser no Olimpo estrelas, como a de Argos.

The departure

Canto IV, Stanzas 84 & 85[1]

Amidst a noble roar of eager cries
in Lisbon's harbor – where renowned Ulysses
made berth;[2] where into briny Neptune[3] spills
the Tagus its sweet liquor and white sands –
the ships stand yare at last; and not a fear
bridles from youthful show of zeal the crews,
for these seafaring men with men of Mars[4]
will follow me, across the very globe.

Up from the beaches come the soldiers, clad
in diverse styles and colors, all as much
trimmed in desirousness to brave the world
and seek new regions out. Aloft, calm winds
billow with gentle swells the flags flown high
on our proud carracks, which, as they behold
the seas' expanse, promise one day to rise,
as Argos' ship before, to Olympus, stars.[5]

---

1. Mid-voyage en route to India, Vasco da Gama recounts his fleet's sendoff from Lisbon, where they first set sail.

2. According to legend, Ulysses (Odysseus) was the founder of Lisbon, by virtue of the apparent connection between the city's ancient name Olissipona, Olisippo, or Ulyssippo and the hero's name.

3. God of the sea; the sea, personified.

4. God of war. Hence, men of Mars: warriors, soldiers.

5. In the myth of Jason and the Golden Fleece, after the end of Jason's voyage, the gods placed his ship (the Argo, which was built by the shipwright Argos) in the sky (Olympus) as the constellation Argo Navis.

O regresso
Canto IX, Estrofes 16 e 17

Apartadas assim da ardente costa
As venturosas naus, levando a proa
Para onde a Natureza tinha posta
A meta Austrina da Esperança Boa,
Levando alegres novas e resposta
Da parte Oriental para Lisboa,
Outra vez cometendo os duros medos
Do mar incerto, tímidos e ledos,

O prazer de chegar à pátria cara,
A seus penates caros e parentes,
Para contar a peregrina e rara
Navegação, os vários céus e gentes;
Vir a lograr o prémio que ganhara,
Por tão longos trabalhos e acidentes:
Cada um tem por gosto tão perfeito,
Que o coração para ele é vaso estreito.

The turn back

Canto IX, Stanzas 16 & 17[6]

Now as their venturous carracks leave astern
the scorching coast and aim their prows once more
towards the point where Nature had put up
her southerly frontier, Good Hope;[7] now, bound
for Lisbon, bringing happy news along
and tidings from the East, as once again
they undertake the grim and treacherous threats
of the uncertain sea with fear and joy,

the thought of reaching home, to greet his kin
and his beloved country, and to tell
of seaborne travels excellent and rare,
and all the sundry skies and peoples seen;
of claiming, too, at length his rich reward,
hard won through such mischances and long toils,
to every man among them is a bliss
too perfect for his heart to hold it in.

---

6. Da Gama's fleet set out homeward bound from India.

7. The Cape of Good Hope, located in present-day South Africa near the southern tip of the African continent. Rounding the cape represents the transition from a north-south route along the Atlantic coast of Africa to an east-west passage through the Indian Ocean between Africa and the Indian subcontinent. According to contemporary accounts, Bartolomeu Dias – who in 1488 was the first European explorer to command a voyage around the cape, though he did not reach as far as India – dubbed it the "Stormy Cape" or "Cape of Storms". It was soon renamed the "Cape of Good Hope," however, by King John II. On learning of the achievement of Dias's fleet, the king interpreted the news to signify "good hope" for Portugal's prospects of discovering a sea route to India via the African coast. Ten years later, in 1498, Vasco da Gama's expedition became the first to complete this passage embarking from Europe.

A chegada a Lisboa
Canto X, Estrofe 144

Assim foram cortando o mar sereno,
Com vento sempre manso e nunca irado,
Até que houveram vista do terreno
Em que nasceram, sempre desejado.
Entraram pela foz do Tejo ameno,
E à sua pátria e Rei temido e amado
O prémio e glória dão por que mandou,
E com títulos novos se ilustrou.

The homecoming

Canto X, Stanza 144[8]

And so they scudded on through tranquil sea,
the driving winds still tame, never in wrath,
until at last there came in view that ground
where they were born, for which they ever longed.
And, sailing up the gentle Tagus' mouth,
they yield their country and their dread loved King
the prize and glory they were sent to seek,
and honor him with titles and new fame.

8. After their long journey, da Gama's expedition sight Portuguese land and enter at the mouth of the River Tagus.

Cesário
Verde

Cesário
Verde (Lisbon, 25 February 1855 – Lisbon, 19 July

1886), posthumously hailed as an exceptional bard of both the city of Lisbon and the Portuguese countryside, saw his poetry mostly disregarded among literary circles during his lifetime. Though he was born and died in Lisbon and inherited his father's work as a shop owner there, much of Cesário's early childhood was spent on his family's farm due to outbreaks of disease in the city. Ultimately sickness proved inescapable for the Verde family, as Cesário's sister and brother both died of tuberculosis (in 1872 and 1882, respectively) and the same illness would cut short Cesário's own life. After his death, his friend Silva Pinto compiled *O Livro de Cesário Verde* ("The Book of Cesário Verde"), still the definitive collection of his poems. Cesário subsequently came to be championed as a forerunner of modernism by later poets and critics, among them particularly Mário de Sá-Carneiro and Fernando Pessoa.

A.H.*

* Austen Hyde writes in American English.

IMPOSSÍVEL

Nós podemos viver alegremente,
Sem que venham, com fórmulas legais,
Unir as nossas mãos, eternamente,
As mãos sacerdotais.

Eu posso ver os ombros teus desnudos,
Palpá-los, contemplar-lhes a brancura,
E até beijar teus olhos tão ramudos,
Cor d'azeitona escura.

Eu posso, se quiser, cheio de manha,
Sondar, quando vestida, p'ra dar fé,
A tua camisinha de *bretanha*,
Ornada de *crochet*.

Posso sentir-te em fogo, escandecida,
De faces cor-de-rosa e vermelhão,
Junto a mim, com langor, entredormida,
Nas noites de Verão.

Eu posso, com valor que nada teme,
Contigo preparar lautos festins,
E ajudar-te a fazer o *leite-creme*,
E os mélicos pudins.

IMPOSSIBLE

We can live a joyful life
without the hands of priests coming
to join our hands in everlasting union
    with their legalities.

I can see your bare shoulders,
touch them, appreciate their fair tone,
and even kiss your olive-colored eyes
    so darkly wreathed.

I can, if I so choose,
to excite my hopes when you wear
your thin linen shirt, slyly explore
    its crocheted front.

I can feel your heat when you come aflame,
your cheeks burning rosy and vermillion,
lying languidly, half-asleep, beside me
    on summer nights.

I can, with dauntless bravery,
prepare lavish feasts with you,
help you make crême-brulée
    and honeyed puddings.

Eu tudo posso dar-te, tudo, tudo,
Dar-te a vida, o calor, dar-te *cognac*,
Hinos de amor, vestidos de veludo,
    E botas de duraque.

E até posso com ar de rei, que o sou!
Dar-te cautelas brancas, minha rola,
Da grande lotaria que passou,
    Da boa, da espanhola,

Já vês, pois, que podemos viver juntos,
Nos mesmos aposentos confortáveis,
Comer dos mesmos bolos e presuntos,
    E rir dos miseráveis.

Nós podemos, nós dois, por nossa sina,
Quando o sol é mais rúbido e escarlate,
Beber na mesma chávena da China,
    O nosso chocolate.

E podemos até, noites amadas!
Dormir juntos dum modo galhofeiro,
Com as nossas cabeças repousadas,
    No mesmo travesseiro.

I can give you anything, everything, give you my all,
give you my life, my warmth, give you cognac,
anthems of love, velvet dresses,
    and serge boots.

And I can even, with the look of a king
(the king I am!) give you, my turtledove,
good tickets from the big
    Spanish lottery.

So, you see, we can live a life together,
share the same comfortable rooms,
eat the same cakes and hams, and laugh
    at the poor lowlives.

We can, the two of us, with our good fortune,
when the sun glows its deepest scarlet,
sip our cocoa together from
    the same china cup.

And we can even, on loving nights,
sleep together, playfully,
our two heads resting
    on the same pillow.

Posso ser teu amigo até à morte,
Sumamente amigo! Mas por lei,
Ligar a minha sorte à tua sorte,
    Eu nunca poderei!

Eu posso amar-te como o Dante amou,
Seguir-te sempre como a luz ao raio,
Mas ir, contigo, à igreja, isso não vou,
    Lá nessa é que eu não caio!

I can be your friend till death,
your friend to the utmost! But bind
my fate by law to yours, that
    I can never do!

I can love you the way Dante loved,
follow you ever after as the light chases a ray,
but go with you to church, I will not –
    I'll never fall for that one!

VAIDOSA

Dizem que tu és pura como um lírio
E mais fria e insensível que o granito,
E que eu que passo aí por favorito
Vivo louco de dor e de martírio.

Contam que tens um modo altivo e sério,
Que és muito desdenhosa e presumida,
E que o maior prazer da tua vida
Seria acompanhar-me ao cemitério.

Chamam-te a bela imperatriz das fátuas,
A déspota, a fatal, o figurino,
E afirmam que és um molde alabastrino,
E não tens coração, como as estátuas.

E narram o cruel martirológio
Dos que são teus, ó corpo sem defeito,
E julgam que é monótono o teu peito
Como o bater cadente dum relógio.

Porém eu sei que tu, que como um ópio
Me matas, me desvairas e adormeces,
És tão loura e dourada como as messes
E possuis muito amor... muito *amor-próprio*.

FEMME FATALE

They say you're as pure as a lily,
and colder and more unfeeling than granite,
and that while I may pass for a darling of yours,
I'm living the life of a pain-crazed martyr.

They tell me you're haughty and humorless,
quite disdainful and presumptuous,
and that the greatest enjoyment of your life
would be to see me to my grave.

They call you winsome empress of conceited fools,
the despotic, the deadly, the voguish,
and they declare you are an alabaster mold,
with no more heart than a statue.

They will recount the cruel martyrology
of the men you've claimed, you flawless body,
and deem your bosom tedious
as the cadenced stroke of a clock.

But I know that you who, like opium,
kill me, madden and lull me,
are as blond and golden as the harvests
and are very full of love... full of *self*-love.

CONTRARIEDADES

Eu hoje estou cruel, frenético, exigente;
Nem posso tolerar os livros mais bizarros.
Incrível! Já fumei três maços de cigarros
    Consecutivamente.

Dói-me a cabeça. Abafo uns desesperos mudos:
Tanta depravação nos usos, nos costumes!
Amo, insensatamente, os ácidos, os gumes
    E os ângulos agudos.

Sentei-me à secretária. Ali defronte mora
Uma infeliz, sem peito, os dois pulmões doentes;
Sofre de faltas d'ar, morreram-lhe os parentes
    E engoma para fora.

Pobre esqueleto branco entre as nevadas roupas!
Tão lívida! O doutor deixou-a. Mortifica.
Lidando sempre! E deve a conta na botica!
    Mal ganha para sopas...

O obstáculo estimula, torna-nos perversos;
Agora sinto-me eu cheio de raivas frias,
Por causa dum jornal me rejeitar, há dias,
    Um folhetim de versos.

OUTRAGEOUS

Today I feel ruthless, distraught, unforgiving;
I have no patience even for the finest books.
Unbelievable! I've now smoked through
    three packs of cigarettes.

My head aches as I stifle my unvoiced despair:
The depravity of today's manners and norms!
I, senselessly, love the acidic, the keen edge,
    the acute angle.

I'm seated at my desk. There lives across the way
a hapless wretch, two ailing lungs in her flat chest;
she suffers from shortness of breath; her relatives have passed away;
    she irons to make ends meet.

Poor wan skeleton among the snowy clothes!
So pale! The doctor has given her up. She languishes.
Toiling away! And still in debt to the apothecary! She hardly
    earns enough for soup…

Impediment excites us, makes us perverse;
I now am filled with an icy rage,
because a newspaper, some days ago, rejected
    a pamphlet of my verse.

Que mau humor! Rasguei uma epopeia morta
No fundo da gaveta. O que produz o estudo?
Mais duma redacção, das que elogiam tudo,
    Me tem fechado a porta.

A crítica segundo o método de Taine
Ignoram-na. Juntei numa fogueira imensa
Muitíssimos papéis inéditos. A imprensa
    Vale um desdém solene.

Com raras exceções merece-me o epigrama.
Deu meia-noite; e em paz pela calçada abaixo,
Um sol-e-dó. Chovisca. O populacho
    Diverte-se na lama.

Eu nunca dediquei poemas às fortunas,
Mas sim, por deferência, a amigos ou a artistas.
Independente! Só por isso os jornalistas
    Me negam as colunas.

Receiam que o assinante ingénuo os abandone,
Se forem publicar tais coisas, tais autores.
Arte? Não lhes convém, visto que os seus leitores
    Deliram por Zaccone.

Um prosador qualquer desfruta fama honrosa,
Obtém dinheiro, arranja a sua *coterie*;
E a mim, não há questão que mais me contrarie
    Do que escrever em prosa.

Oh, my foul mood! I tore apart an epic that lay dead
at the bottom of a drawer. What use is diligence?
Editors who will fawn over any drivel
 have shut their doors to me.

They are unversed in criticism following Taine's
methodology. I have amassed an enormous bonfire
of unpublished papers, stacks of them. The press is well worth
 a solemn disdain.

With a few rare exceptions, they deserve a scathing epigram.
Midnight has struck; all down the sidewalk, peacefully,
a folk song sighs as a light rain comes down. The rabble
 frolics in the mud.

I've never dedicated poems to the better-heeled,
but some I have to friends and artists out of deference.
An independent! That alone is why the papermen
 refuse my columns.

They fear the artless subscriber might renounce them,
if they should publish such material, such writers.
Art? It is not convenient to them, for their readers
 swoon over Zaccone.

Any scribbler of prose can enjoy fame and repute,
rake in a sum, assemble his coterie;
but to me, nothing could be more outrageous
 than for me to write in prose.

A adulação repugna aos sentimentos finos;
Eu raramente falo aos nossos literatos,
E apuro-me em lançar originais e exactos,
    Os meus alexandrinos...

E a tísica? Fechada, e com o ferro aceso!
Ignora que a asfixia a combustão das brasas,
Não foge do estendal que lhe humedece as casas,
    E fina-se ao desprezo!

Mantém-se a chá e pão! Antes entrar na cova.
Esvai-se; e todavia, à tarde, fracamente,
Oiço-a cantarolar uma canção plangente
    Duma opereta nova!

Perfeitamente. Vou findar sem azedume.
Quem sabe se depois, eu rico e noutros climas,
Conseguirei reler essas antigas rimas,
    Impressas em volume?

Nas letras eu conheço um campo de manobras;
Emprega-se a *réclame*, a intriga, o anúncio, a *blague*,
E esta poesia pede um editor que pague
    Todas as minhas obras...

E estou melhor; passou-me a cólera. E a vizinha?
A pobre engomadeira ir-se-á deitar sem ceia?
Vejo-lhe luz no quarto. Inda trabalha. É feia...
    Que mundo! Coitadinha!

Adulation repels the finer senses;
I seldom converse with our nation's literati,
but I strive to pen my alexandrines
     with freshness and precision…

And the consumptive? Shut inside, her iron fuming!
Unaware of her own asphyxiation by the charcoal smoke,
seeking no refuge from the clothesline dampening her home,
     she'll perish by her disregard!

Subsisting on tea and bread! She might as well leap into her grave.
She wastes away; and yet, in the afternoons, I hear her
feebly humming some lamentful aria
     from a new operetta!

Very well. I'll conclude without acidity.
Who knows if someday, living in wealth, in other climates,
I'll have the chance to reread these old lines
     in a printed volume?

The world of letters is a battlefield:
I see blurbs and announcements, ruses, fabrications;
and still this poetry seeks a publisher with funds
     to cover my handiwork.

I'm better now; my rage has passed. And the neighbor?
Will the poor ironing-woman go to bed without her supper?
I see light coming from her room. Still laboring. She's ugly…
     What a world! What a pity!

NUM BAIRRO MODERNO

a Manuel Ribeiro

Dez horas da manhã; os transparentes
Matizam uma casa apalaçada;
Pelos jardins estancam-se as nascentes,
E fere a vista, com brancuras quentes,
A larga rua macadamizada.

Rez-de-chaussée repousam sossegados,
Abriram-se, nalguns, as persianas,
E dum ou doutro, em quartos estucados,
Ou entre a rama dos papéis pintados,
Reluzem, num almoço, as porcelanas.

Como é saudável ter o seu conchego,
E a sua vida fácil! Eu descia,
Sem muita pressa, para o meu emprego,
Aonde agora quase sempre chego
Com as tonturas duma apoplexia.

E rota, pequenina, azafamada,
Notei de costas uma rapariga,
Que no xadrez marmóreo duma escada,
Como um retalho da horta aglomerada,
Pousara, ajoelhando, a sua giga.

A MODERN NEIGHBORHOOD

for Manuel Ribeiro

Ten in the morning; gossamer curtains
shade a palatial home;
fountains are drying up across the yards;
and a white warmth, vision-offending, glares
off the wide macadamized street.

Ground levels still rest placidly;
the blinds have been opened on a few,
and here and there, in stuccoed rooms,
or among the foliage of colored wallpaper,
the breakfast china glints.

How wholesome it is to have one's cozy nook
and easy life! As I was coming down,
in no hurry, strolling off to work
(where these days I usually arrive
in a stroke-like dizziness),

I noticed – ragged, slight, and beleaguered,
with her back turned – a young woman
who, kneeling down upon the checkered marble
of a stairway, had set her basket there, as though
it were a little bundled clump of garden.

E eu, apesar do sol, examinei-a.
Pôs-se de pé, ressoam-lhe os tamancos;
E abre-se-lhe o algodão azul da meia,
Se ela se curva, esguelhada, feia,
E pendurando os seus bracinhos brancos.

Do patamar responde-lhe um criado:
"Se te convém, despacha; não converses.
Eu não dou mais." E muito descansado,
Atira um cobre lívido, oxidado,
Que vem bater nas faces duns alperces.

Subitamente – que visão de artista! –
Se eu transformasse os simples vegetais,
À luz do sol, o intenso colorista,
Num ser humano que se mova e exista
Cheio de belas proporções carnais?!

Bóiam aromas, fumos de cozinha;
Com o cabaz às costas, e vergando,
Sobem padeiros, claros de farinha;
E às portas, uma ou outra campainha
Toca, frenética, de vez em quando.

E eu recompunha, por anatomia,
Um novo corpo orgânico, ao bocados.
Achava os tons e as formas. Descobria
Uma cabeça numa melancia,
E nuns repolhos seios injectados.

And, heedless of the sun, I stopped to watch her.
She rises, knocking her clogs;
her blue cotton stockings are revealed
when she leans down, disheveled, homely,
her little pale arms hanging loose.

A manservant calls back to her from the landing:
Hurry up, if you want it. No more chat.
I'm not giving you any more. And, quite relaxed,
he tosses down a copper coin, whitish and oxidized,
which bounces off the cheeks of a couple of apricots.

Suddenly – an artist's vision! –
what if I transformed her simple vegetables,
by the light of that fierce colorist the sun,
into a living, moving human being
bodied in shapely proportions?!

Aromas waft over, puffs of kitchen smoke;
bakers walk up the streets, all pale with flour,
bending beneath the hampers on their backs,
and at one door or another a bell
rings frantically, every now and again.

And I might reassemble anatomically
a new organic body, piece by piece,
finding the hues and the shapes, discovering
a head in a watermelon,
and veiny breasts in cabbages.

As azeitonas, que nos dão o azeite,
Negras e unidas, entre verdes folhos,
São tranças dum cabelo que se ajeite;
E os nabos – ossos nus, da cor do leite,
E os cachos d'uvas – os rosários d'olhos.

Há colos, ombros, bocas, um semblante
Nas posições de certos frutos. E entre
As hortaliças, túmido, fragrante,
Como d'alguém que tudo aquilo jante,
Surge um melão, que lembrou um ventre.

E, como um feto, enfim, que se dilate,
Vi nos legumes carnes tentadoras,
Sangue na ginja vívida, escarlate,
Bons corações pulsando no tomate
E dedos hirtos, rubros, nas cenouras.

O sol dourava o céu. E a regateira,
Como vendera a sua fresca alface
E dera o ramo de hortelã que cheira,
Voltando-se, gritou-me, prazenteira:
"Não passa mais ninguém!... Se me ajudasse?!..."

Eu acerquei-me dela, sem desprezo;
E, pelas duas asas a quebrar,
Nós levantámos todo aquele peso
Que ao chão de pedra resistia preso,
Com um enorme esforço muscular.

The oil-giving olives, black
and clustered among green ruffles,
are the braids of a styled head of hair.
The turnips are bare bones, milky-white;
the bunches of grapes, beady eyes.

There are necks, shoulders, mouths, a face
in the arrangements of various fruits.
And in with the salad appears, tumid and fragrant,
a melon, reminding me of someone's belly
eager to gobble the whole thing up.

And, finally, within the vegetables I saw,
like an expanding fetus, tempting flesh:
blood in the bright scarlet cherries,
good hearts pulsing in the tomatoes,
and stiff, ruddy fingers in the carrots.

The sun was gilding the sky. The peddler-woman,
having now sold off her fresh lettuce
and given away her sprig of scented mint,
turned to face me as she cheerfully cried,
Nobody else is coming!… Give me a hand?!…

I approached her without contempt,
and with a great strain of our muscles
we heaved the whole burden up,
the handles nearly breaking
as the weight of it clung to the ground.

"Muito obrigada! Deus lhe dê saúde!"
E recebi, naquela despedida,
As forças, a alegria, a plenitude,
Que brotam dum excesso de virtude
Ou duma digestão desconhecida.

E enquanto sigo para o lado oposto,
E ao longe rodam umas carruagens,
A pobre afasta-se, ao calor de agosto,
Descolorida nas maçãs do rosto,
E sem quadris na saia de ramagens.

Um pequerrucho rega a trepadeira
Duma janela azul; e, com o ralo
Do regador, parece que joeira
Ou que borrifa estrelas; e a poeira
Que eleva nuvens alvas a incensá-lo.

Chegam do gigo emanações sadias,
Ouço um canário – que infantil chilrada!
Lidam *ménages* entre as gelosias,
E o sol estende, pelas frontarias,
Seus raios de laranja destilada.

E pitoresca e audaz, na sua chita,
O peito erguido, os pulsos nas ilhargas,
Duma desgraça alegre que me incita,
Ela apregoa, magra, enfezadita,
As suas couves repolhudas, largas.

Thanks very much! God grant you health!
And from those parting words of hers I took
the strength, the joy, the fullness
that spring from a surplus of virtue,
or from some nameless rumination.

And as I cross to the other side
and, farther off, carriages wheel past,
the poor girl tramps away through the August swelter,
her apple cheeks discolored,
walking hipless in her flowered skirt.

A little boy waters the vine
by a blue window, and seems with the nozzle
of his watering-can to be winnowing,
or sprinkling stars; and the dust rises
around him like white clouds of incense.

Innocent whiffs issue from the basket;
I hear a canary – such a childlike twittering!
Households are bustling through the jalousies,
and onto the façades the sun squeezes
its rays, a dripping orange.

And, boldly picturesque, in her chintz,
puffing her chest up, arms akimbo,
rousing me with the happiness of her misfortune,
so thin and wasted, she loudly hawks
her lush, round cabbages.

E como as grossas pernas dum gigante,
Sem tronco, mas atléticas, inteiras,
Carregam sobre a pobre caminhante,
Sobre a verdura rústica, abundante,
Duas frugais abóboras carneiras.

And like the thick legs of a giant –
trunkless, yet athletic and full –
bearing down on the poor street-vendor's load,
heavy atop her rustic, verdant cornucopia
sit two smooth, fleshy pumpkins.

O SENTIMENTO DUM OCIDENTAL

a Guerra Junqueiro

I
Ave-Marias

Nas nossas ruas, ao anoitecer,
Há tal soturnidade, há tal melancolia,
Que as sombras, o bulício, o Tejo, a maresia
Despertam-me um desejo absurdo de sofrer.

O céu parece baixo e de neblina,
O gás extravasado enjoa-me, perturba-me;
E os edifícios, com as chaminés, e a turba
Toldam-se duma cor monótona e londrina.

Batem os carros d'aluguer, ao fundo,
Levando à via férrea os que se vão. Felizes!
Ocorrem-me em revista exposições, países:
Madrid, Paris, Berlim, São Petersburgo, o mundo!

Semelham-se a gaiolas, com viveiros,
As edificações somente emadeiradas:
Como morcegos, ao cair das badaladas,
Saltam de viga em viga os mestres carpinteiros.

THE FEELING OF A WESTERNER

for Guerra Junqueiro

I
Dusk

     All through our streets at nightfall
there is such a sullenness, such a melancholy,
that the shadows, the bustle, the Tagus, the salt air
stir me with an absurd longing to suffer.

     The sky hangs like a drooping fog,
the leak from gas-lamps sickens and unsettles me;
and the buildings, with their chimneys, and the crowds,
are dimmed under a drab, Londonish hue.

     Hired carriages rattle past,
bringing fares to the railway. The happy goers!
I picture a parade of exhibitions, countries:
Madrid, Paris, Berlin, St. Petersburg, the world!

     With the look of animal cages
stand construction frames in bare timber:
batlike, as the bells toll out,
the carpenters light from beam to beam.

Voltam os calafates, aos magotes,
De jaquetão ao ombro, enfarruscados, secos;
Embrenho-me a cismar, por boqueirões, por becos,
Ou erro pelos cais a que se atracam botes.

E evoco, então, as crónicas navais:
Mouros, baixéis, heróis, tudo ressuscitado!
Luta Camões no Sul, salvando um livro a nado!
Singram soberbas naus que eu não verei jamais!

E o fim da tarde inspira-me; e incomoda!
De um couraçado inglês vogam os escaleres;
E em terra num tinir de louças e talheres
Flamejam, ao jantar, alguns hotéis da moda.

Num trem de praça arengam dois dentistas;
Um trôpego arlequim braceja numas andas;
Os querubins do lar flutuam nas varandas;
Às portas, em cabelo, enfadam-se os lojistas!

Vazam-se os arsenais e as oficinas;
Reluz, viscoso, o rio, apressam-se as obreiras;
E num cardume negro, hercúleas, galhofeiras,
Correndo com firmeza, assomam as varinas.

The caulkers are turning back up in clusters,
jackets slung over their shoulders, faces tar-stained, spent;
I brood through lanes and alleys of the harborside,
or stray by the wharves where boats are docked.

And I call up the chronicles of naval exploits –
Moors, vessels, heroes, all resurrected!
Camões does battle in southern parts and swims a book to safety![1]
Proud carracks sail away, whose likes I will never see!

And the evening inspires me – and bothers me!
From an English battleship the cutters trend inward,
while on land a few chic hotels flash
in a dinnertime clinking of dishes and cutlery.

In a hackney-coach two dentists bicker;
a flouncing harlequin bumbles by on stilts;
domestic cherubs flit across balconies;
shopkeepers stand tiring, hatless, in their doorways!

The shipyards and workshops are emptying;
the river glistens slimily, the workwomen hurry;
and in a black shoal, Herculean, rollicking up
at a steady run, out loom the fishwives.

---

1. Within this reverie recalling the glory of Portugal's past, a reference to Luís de Camões, who is said to have saved his manuscript of the epic poem *Os Lusíadas* (*The Lusiads*) by holding it aloft as he swam ashore from a shipwreck near the mouth of the Mekong River.

Vêm sacudindo as ancas opulentas!
Seus troncos varonis recordam-me pilastras;
E algumas, à cabeça, embalam nas canastras
Os filhos que depois naufragam nas tormentas.

Descalças! Nas descargas de carvão,
Desde manhã à noite, a bordo das fragatas;
E apinham-se num bairro aonde miam gatas,
E o peixe podre gera os focos de infecção!

II
Noite fechada

Toca-se as grades, nas cadeias. Som
Que mortifica e deixa umas loucuras mansas!
O Aljube, em que hoje estão velhinhas e crianças,
Bem raramente encerra uma mulher de "dom"!

E eu desconfio, até, de um aneurisma
Tão mórbido me sinto, ao acender das luzes;
À vista das prisões, da velha Sé, das cruzes,
Chora-me o coração que se enche e que se abisma.

Up they come waggling lavish hips!
Their manlike trunks are reminiscent of pilasters;
and some are cradling, in the baskets on their heads,
sons who will go on to be storm-wrecked at sea.

These shoeless women! Unloading coal
from morning till night aboard the estuary barges;
and they pack into a quarter where cats mewl
and piles of rotting fish form sources of infection!

II
Darkness

There is a rapping on jail bars. A numbing
sound that sends out a quiet madness!
The Aljube,[2] where old women and children
         now are kept,
seldom locks up a lady of title!

And I worry I might have an aneurysm,
I feel so ghastly as the lights are lighted;
at the view of the prisons, the old Cathedral, the crosses,
my weeping heart brims and sinks with grief.

---

2. Aljube: an old jail in Lisbon, which served as a women's prison in Cesário Verde's time and held
political prisoners during the Salazar dictatorship.

A espaços, iluminam-se os andares,
E as tascas, os cafés, as tendas, os estancos
Alastram em lençol os seus reflexos brancos;
E a lua lembra o circo e os jogos malabares.

Duas igrejas, num saudoso largo,
Lançam a nódoa negra e fúnebre do clero:
Nelas esfumo um ermo inquisidor severo,
Assim que pela História eu me aventuro e alargo.

Na parte que abateu no terremoto,
Muram-me as construções rectas, iguais, crescidas;
Afrontam-me, no resto, as íngremes subidas,
E os sinos dum tanger monástico e devoto.

Mas, num recinto público e vulgar,
Com bancos de namoro e exíguas pimenteiras,
Brônzeo, monumental, de proporções guerreiras,
Um épico doutrora ascende, num pilar!

E eu sonho o Cólera, imagino a Febre,
Nesta acumulação de corpos enfezados;
Sombrios e espectrais recolhem os soldados;
Inflama-se um palácio em face de um casebre.

Apartment levels one by one become illuminated,
and taprooms, cafés, booths, smoke shops
spread out their sheets of white reflection;
and the moon recalls the circus and the jugglers.

Two churches standing over a forlorn old square[3]
send forth the black, funereal inkblot of the clergy:
I sketch into the background an austere inquisitor,
as I continue on my venture through history.

In the section that collapsed in the earthquake,
the buildings wall me in, square, evenly sprung up;
elsewhere I am beset by the steep climbs,
and by the bells' devout, monastic ringing.

But on an ordinary public plaza lined
with lovers' benches and scraggy pepper trees
ascends, in monumental bronze, in warlike proportions,
an epic figure from another age, upon a pillar![4]

And I envision Cholera, imagine Fever,
among this heap of withered bodies;
shadowed and spectral, soldiers steal away to barracks;
a palace glimmers facing opposite a hovel.

---

3. The Largo do Chiado, with its two churches, the Igreja do Loreto and the Igreja da Nossa Senhora da Encarnação.

4. The statue of Luís de Camões in the plaza that bears his name (Largo de Camões).

Partem patrulhas de cavalaria
Dos arcos dos quartéis que foram já conventos;
Idade Média! A pé, outras, a passos lentos,
Derramam-se por toda a capital, que esfria.

Triste cidade! Eu temo que me avives
Uma paixão defunta! Aos lampiões distantes,
Enlutam-me, alvejando, as tuas elegantes,
Curvadas a sorrir às montras dos ourives.

E mais: as costureiras, as floristas
Descem dos *magasins*, causam-me sobressaltos;
Custa-lhes a elevar os seus pescoços altos
E muitas delas são comparsas ou coristas.

E eu, de luneta de uma lente só,
Eu acho sempre assunto a quadros revoltados:
Entro na *brasserie*; às mesas de emigrados,
Ao riso e à crua luz joga-se o dominó.

III
Ao gás

E saio. A noite pesa, esmaga. Nos
Passeios de lajedo arrastam-se as impuras.
Ó moles hospitais! Sai das embocaduras
Um sopro que arrepia os ombros quase nus.

Mounted patrolmen ride out through the arches
of the military quarters that were once convents –
the Middle Ages! Others, stepping on foot, slowly
ooze throughout the cooling capital.

Sorry old town! I'm afraid you'll revive
a dead passion in me! Bleached under distant streetlamps,
your gussied girls fill me with mourning,
stooping to smile into jewelry-store windows.

And more are on their way: the seamstresses, the florists,
descend from the department stores, giving me a start;
they hardly can keep their necks raised,
and many are off to be walk-ons or chorus-girls.

And, looking through my single-lensed pince-nez,
I keep finding substance in dismal scenes:
I stop inside the beerhouse; immigrants at their tables,
laughing in the harsh light, are playing dominoes.

III
By Gaslight

I step back out. The night is heavy, crushing. Over
the cobbled sidewalks slink lewd women.
Oh, shiftless hospitals! Out from your ducts a draft
breathes shivers into barely-covered shoulders.

Cercam-me as lojas, tépidas. Eu penso
Ver círios laterais, ver filas de capelas,
Com santos e fiéis, andores, ramos, velas,
Em uma catedral de um comprimento imenso.

As burguesinhas do Catolicismo
Resvalam pelo chão minado pelos canos;
E lembram-me, ao chorar doente dos pianos,
As freiras que os jejuns matavam de histerismo.

Num cutileiro, de avental, ao torno,
Um forjador maneja um malho, rubramente;
E de uma padaria exala-se, inda quente,
Um cheiro salutar e honesto a pão no forno.

E eu que medito um livro que exacerbe,
Quisera que o real e a análise mo dessem;
Casas de confecções e modas resplandecem;
Pelas *vitrines* olha um ratoneiro imberbe.

Longas descidas! Não poder pintar
Com versos magistrais, salubres e sinceros,
A esguia difusão dos vossos reverberos,
E a vossa palidez romântica e lunar!

Que grande cobra, a lúbrica pessoa,
Que espartilhada escolhe uns xales com debuxo!
Sua excelência atrai, magnética, entre luxo,
Que ao longo dos balcões de mogno se amontoa.

The shops surround me, warm. I think
I'm seeing aisle tapers, seeing lines of chapels
with saints and worshipers, litters, olive branches, candles,
running the length of an immense cathedral.

Catholicism's little bourgeois damsels
skate across the ground bored through by pipelines;
they hearken me back, as the pianos whimper sickly,
to fasting nuns who died in hysterics.

Inside a cutler's, aproned at his lathe
a smith, flushing red, works a hammer;
out of a bakery wafts, still hot,
a wholesome, honest smell of baking bread.

And I wish that the piercing book I meditate
might come to me from what is real and actual, analysed;
clothiers and fashion houses flaunt their dazzling displays;
a youthful filcher peers in through the glass.

You long declines! Could I but paint
with masterly, salubrious and sincere verses,
the slightish wraiths cast by your glowing lampposts,
and your romantic, moonlike pallor!

What a slippery snake, that lascivious corseted
customer selecting printed shawls!
Her excellency pulls magnetically among the frills
piled high along mahogany countertops.

E aquela velha, de bandós! Por vezes,
A sua *traîne* imita um leque antigo, aberto,
Nas barras verticais, a duas tintas. Perto,
Escarvam, à vitória, os seus mecklemburgueses.

Desdobram-se tecidos estrangeiros;
Plantas ornamentais secam nos mostradores;
Flocos de pós de arroz pairam sufocadores,
E em nuvens de cetins requebram-se os caixeiros.

Mas tudo cansa! Apagam-se nas frentes
Os candelabros, como estrelas, pouco a pouco;
Da solidão regouga um cauteleiro rouco;
Tornam-se mausoléus as armações fulgentes.

"Dó da miséria!... Compaixão de mim!..."
E, nas esquinas, calvo, eterno, sem repouso,
Pede-me sempre esmola um homenzinho idoso,
Meu velho professor nas aulas de latim!

IV
Horas Mortas

O tecto fundo de oxigénio, d'ar,
Estende-se ao comprido, ao meio das trapeiras;
Vêm lágrimas de luz dos astros com olheiras,
Enleva-me a quimera azul de transmigrar.

And the old matron with coiled plaits! Her train
at times mimics an antique fan, spread open
in two-tone vertical stripes. Near at hand,
her Mecklenburgers paw the ground by her victoria.

Imported fabrics are unrolled;
decorative plants are wilting in showcases;
flakes of face powder hover suffocatingly
while the clerks simper through satin clouds.

But all grows weary! Gradually, like stars,
the hanging lamps above the storefronts flicker out;
a lone vendor of lottery tickets croaks out hoarsely;
the gleaming edifices turn to mausoleums.

Mercy for the poor!… Pity on me!…
And always at some corner, bald, eternal, never resting,
an aged little man begs me for alms –
my old teacher from Latin lessons!

IV
The Dead Hours

The fathomless ceiling of oxygen, of air,
stretches lengthwise between the garreted rooftops;
tears of light shine from bleary astral eyes,
enrapturing me in an indigo dream of transmigration.

Por baixo, que portões! Que arruamentos!
Um parafuso cai nas lajes, às escuras:
Colocam-se taipais, rangem as fechaduras,
E os olhos dum caleche espantam-me, sangrentos.

E eu sigo, como as linhas de uma pauta
A dupla correnteza augusta das fachadas;
Pois sobem, no silêncio, infaustas e trinadas,
As notas pastoris de uma longínqua flauta.

Se eu não morresse, nunca! E eternamente
Buscasse e conseguisse a perfeição das coisas!
Esqueço-me a prever castíssimas esposas,
Que aninhem em mansões de vidro transparente!

Ó nossos filhos! Que de sonhos ágeis,
Pousando, vos trarão a nitidez às vidas!
Eu quero as vossas mães e irmãs estremecidas,
Numas habitações translúcidas e frágeis.

Ah! Como a raça ruiva do porvir,
E as frotas dos avós, e os nómadas ardentes,
Nós vamos explorar todos os continentes
E pelas vastidões aquáticas seguir!

Below, the gates! The mesh of streets!
A screw falls to the cobblestones in darkness;
shutters clap shut, locks rasp into place;
I'm startled by the bloodshot eyes of a carriage-horse.

And, like the lines upon a staff, I follow
the august double rows of the façades,
as, cutting through the silence, warbling wretchedly,
pastoral notes rise from a far-off flute.

If I might never die! And forever
seek and attain worldly perfection!
I become lost in visions of chaste wives
nesting in mansions of transparent glass!

Oh, sons of ours! The nimble dreams
that shall, alighting, bring a clearness to your lives!
And for your mothers and sisters dear
I wish delicate, translucent homes.

Ah! Like the redheaded race to come
and the fleets of our forefathers, like those fervent nomads,
we will brave every continent
and sail the waters wide!

Mas se vivemos, os emparedados,
Sem árvores, no vale escuro das muralhas!...
Julgo avistar, na treva, as folhas das navalhas
E os gritos de socorro ouvir estrangulados.

E nestes nebulosos corredores
Nauseiam-me, surgindo, os ventres das tabernas;
Na volta, com saudade, e aos bordos sobre
           as pernas,
Cantam, de braço dado, uns tristes bebedores.

Eu não receio, todavia, os roubos;
Afastam-se, a distância, os dúbios caminhantes;
E sujos, sem ladrar, ósseos, febris, errantes,
Amareladamente, os cães parecem lobos.

E os guardas que revistam as escadas,
Caminham de lanterna e servem de chaveiros;
Por cima, as imorais, nos seus roupões ligeiros,
Tossem, fumando sobre a pedra das sacadas.

E, enorme, nesta massa irregular
De prédios sepulcrais, com dimensões de montes,
A Dor humana busca os amplos horizontes,
E tem marés, de fel, como um sinistro mar!

And yet we, the immured, live on
within the dark and treeless valley of our walls!…
Somewhere in the gloom I think I spot knife-blades
and make out strangled cries for help.

And, passing along these murky corridors,
my stomach churns as the bellies of pubs appear;
walking home wistfully on staggering legs,
a few sad drunks go singing, arm in arm.

But I'm not afraid I'll be mugged;
they shift into the distance, making their uncertain way,
while, yellowishly, grubby, barkless, bony, feverish
dogs rove, and resemble wolves.

And the night-watchmen, inspecting the stairways,
hold out their lanterns and keep close their keys;
above them, wanton women cough in their thin robes
as they smoke over the stone balcony ledges.

And, hulking amid this unruly mass
of grave constructions mountainous in size,
human woe strives toward the vast horizons,
and swells with tides of bitterness, like some grim sea!

FLORES VELHAS

Fui ontem visitar o jardinzinho agreste,
Aonde tanta vez a lua nos beijou,
E em tudo vi sorrir o amor que tu me deste,
Soberba como um sol, serena como um voo.

Em tudo cintilava o límpido poema
Com ósculos rimado às luzes dos planetas;
A abelha inda zumbia em torno da alfazema;
E ondulava o matiz das leves borboletas.

Em tudo eu pude ver ainda a tua imagem,
A imagem que inspirava os castos madrigais;
E as vibrações, o rio, os astros, a paisagem,
Traziam-me à memória idílios imortais.

Diziam-me que tu, no florido passado,
Detinhas sobre mim, ao pé daquelas rosas,
Aquele teu olhar moroso e delicado,
Que fala de langor e d'emoções mimosas;

E, ó pálida Clarisse, ó alma ardente e pura,
Que não me desgostou nem uma vez sequer,
Eu não sabia haurir do cálix da ventura
O néctar que nos vem dos mimos da mulher.

OLD FLOWERS

Yesterday I went to the little wildflower patch
where the moon so often kissed us,
and everywhere I looked, there smiled the love you
    gave me then
as proudly as a sun, as peacefully as a bird on the wing.

All around shone the twinkling poem
our lips had rhymed under the lights of the planets:
the honeybee was still humming around the lavender,
and graceful butterflies flitted colorfully about.

In everything I could still see your image,
that image that breathed virtuous madrigals to life;
and the undulations, the river, the stars, the rolling fields,
brought me back memories of immortal idylls.

They told me how you, in our flowering past,
as you lay by those roses, would
hold fast on me your long, soft gaze
that told of tender and voluptuous feeling;

and, O fair Clarisse, pure, fiery soul,
who never wronged me, never once,
I did not know the way to drain from fortune's chalice
the nectar that comes from a woman's touch.

Falou-me tudo, tudo, em tons comovedores,
Do nosso amor, que uniu as almas de dois entes;
As falas quase irmãs do vento com as flores
E a mole exalação das várzeas rescendentes.

Inda pensei ouvir aquelas coisas mansas
No ninho de afeições criado para ti,
Por entre o riso claro, e as vozes das crianças,
E as nuvens que esbocei, e os sonhos que nutri.

Lembrei-me muito, muito, ó símbolo das santas,
Do tempo em que eu soltava as notas inspiradas,
E sob aquele céu e sobre aquelas plantas
Bebemos o elixir das tardes perfumadas.

E nosso bom romance escrito num desterro,
Com beijos sem ruído em noites sem luar,
Fizeram-mo reler, mais tristes que um enterro,
Os goivos, a baunilha e as rosas-de-toucar.

Mas tu agora nunca, ah! Nunca mais te sentas
Nos bancos de tijolo em musgo atapetados,
E eu não te beijarei, às horas sonolentas,
Os dedos de marfim, polidos e delgados...

I heard the whole story, in stirring tones,
of our love that joined two souls as one,
the murmurs of the flowers, kindred to the wind,
and the mild breath of the redolent plains.

And still I thought I could hear sweet nothings
in that fond nest created for you,
there with bright laughter and childlike voices,
and the clouds that I traced, and the dreams I treasured.

How clearly I recalled, O symbol of the saints,
those days when I let out inspired verses,
and there beneath the sky, and there among the blossoms,
we drank the elixir of the fragranced afternoons.

And the gillyflowers, the vanilla, and the cabbage roses,
more mournful than a burial, led me to reread
the great novel we wrote there in our exile
with whisperless kisses on moonless nights.

But now, no longer, ah, no longer do you sit
on those brick benches carpeted in moss,
and no more will I kiss, in evening's drowsy hours,
your ivory fingers, thin and delicate…

Eu, por não ter sabido amar os movimentos
Da estrofe mais ideal das harmonias mudas,
Eu sinto as decepções e os grandes desalentos
E tenho um riso mau como o sorrir de Judas.

E tudo enfim passou, passou como uma pena
Que o mar leva no dorso exposto aos vendavais,
E aquela doce vida, aquela vida amena,
Ah! Nunca mais virá, meu lírio, nunca mais!

Ó minha boa amiga, ó minha meiga amante!
Quando ontem eu pisei, bem magro
    e bem curvado,
A areia em que rangia a saia roçagante,
Que foi na minha vida o céu aurirrosado,

Eu tinha tão impresso o cunho da saudade,
Que as ondas que formei das suas ilusões
Fizeram-me enganar na minha soledade
E as asas ir abrindo às minhas impressões.

Soltei com devoção lembranças inda escravas,
No espaço construí fantásticos castelos,
No tanque debrucei-me em que te debruçavas,
E onde o luar parava os raios amarelos.

Because I did not know how to love the motions
of your silent harmonies' most perfect verse,
my heart aches, and my spirits flag,
and my laughter is as cruel as Judas' smile.

And everything has drifted on at last, drifted like a feather
that the sea carries on its back, defenseless against the gales;
and that gentle life, that pleasant life,
it will be ours no more, my lily, never more!

Oh my good friend, oh my sweet lover!
Yesterday, as I trod, with my gaunt neck bowed low,
the sand whereon your rustling skirt would trail,
which was in my life then the golden-rosy dawn,

so deep was the imprint I bore of my yearning,
that the waves I shaped out of my fantasy,
fooled me, there in my solitude,
and let my feelings run wild.

Devotedly I freed still-captive memories,
built up whimsical castles in the air;
I leaned over the pond where you once used to lean,
where the moonlight's yellow rays would come to rest.

Cuidei até sentir, mais doce que uma prece,
Suster a minha fé, num véu consolador,
O teu divino olhar que as pedras amolece,
E há muito me prendeu nos cárceres do amor.

Os teus pequenos pés, aqueles pés suaves,
Julguei-os esconder por entre as minhas mãos,
E imaginei ouvir ao conversar das aves
As célicas canções dos anjos teus irmãos.

E como na minha alma a luz era uma aurora,
A aragem ao passar parece que me trouxe
O som da tua voz, metálica, sonora,
E o teu perfume forte, o teu perfume doce.

Agonizava o sol gostosa e lentamente,
Um sino que tangia, austero e com vagar,
Vestia de tristeza esta paixão veemente,
Esta doença, enfim, que a morte há-de curar.

E quando m'envolveu a noite, noite fria,
Eu trouxe do jardim duas saudades roxas,
E vim a meditar em quem me cerraria,
Depois de eu morrer, as pálpebras já frouxas.

I even believed I still could feel, bearing my faith up
more gently than a prayer, from behind a veil of solace,
your divine, stone-softening gaze,
which locked me long ago within love's prison.

And your dainty feet, those soft, smooth feet,
I thought I buried them in my hands,
and fancied that amid the birds' discourse I heard
the heavenly songs of your brothers the angels.

And as the light was daybreak over my soul,
the passing breeze seemed to carry towards me
the sound of your vibrant, metallic voice,
and your bold fragrance, your sweet perfume.

The mellow sun slid down into its dying throes;
a church bell rang out with a slow severity
and dressed in sorrow this vehement passion,
this sickness death will one day cure.

And when the night, cool night, had enveloped me,
I took from the flower patch two purple columbines,
and wondered who, after I die,
might close my limp eyelids.

Pois que, minha adorada, eu peço que não creias
Que eu amo esta existência e não lhe queira um fim;
Há tempos que não sinto o sangue pelas veias
E a campa talvez seja afável para mim.

Portanto, eu, que não cedo às atracções do gozo,
Sem custo hei-de deixar as mágoas deste mundo,
E, ó pálida mulher, de longo olhar piedoso,
Em breve te olharei calado e moribundo.

Mas quero só fugir das coisas e dos seres,
Só quero abandonar a vida triste e má
Na véspera do dia em que também morreres,
Morreres de pesar, por eu não *viver* já!

E não virás, chorosa, aos rústicos tapetes,
Com lágrimas regar as plantações ruins;
E esperarão por ti, naqueles alegretes,
As dálias a chorar nos braços dos jasmins!

For, I beg you, my dearest, do not think
that I love this existence and wish it no end;
it is too long since I have felt blood through my veins,
and the grave may perhaps be kind to me.

And therefore I, who do not bend to pleasure's lures,
with ease shall leave this painful world,
and, O fair lady, with your long and merciful gaze,
soon will I gaze upon you from a dying silence.

Yet I no sooner wish to fly this world and all its creatures,
I will not yet forsake this cruel and sorry life,
till the eve of the day on which you, too, shall die –
shall die of grief that I no longer live!

And so you will not come to mourn beside the
    rustic blooms
and water with your tears the ground of piteous weeds,
but waiting for you there among those beds of flowers,
the dahlias will be weeping in the jasmines' arms!

Mário de Sá-Carneiro

Mário de Sá-Carneiro (Lisbon, 19 May 1890 – Paris, 26 April 1916) was one of the most original figures of the Portuguese Modernist movement and a co-founder of its short lived magazine, Orpheu (1915). With unfinished studies in Coimbra and at the Sorbonne, it was in Paris that he wrote his finest poems, depicting his life as an extravagant, frustrated and desperate bohemian young man (a life sponsored by his father). Sá-Carneiro left France after the outbreak of the First World War. But amid a moral and financial crisis, and shortly after a quarrel with his father, he returned to Paris where he spent his last months in deep depression and insurmountable grief. In a letter to his friend Fernando Pessoa, Sá-Carneiro signalled his will to put an end to his life, which he did shortly afterwards, at the age of 25.

M.D.*

* Martin D'Evelin writes in British English.

FEMININA

Eu queria ser mulher pra me poder estender
Ao lado dos meus amigos, nas *banquettes* dos cafés.
Eu queria ser mulher para poder estender
Pó de arroz pelo meu rosto, diante de todos, nos cafés.

Eu queria ser mulher pra não ter que pensar na vida
E conhecer muitos velhos a quem pedisse dinheiro –
Eu queria ser mulher para passar o dia inteiro
A falar de modas e a fazer *potins* – muito entretida.

Eu queria ser mulher para mexer nos meus seios
E aguçá-los ao espelho, antes de me deitar –
Eu queria ser mulher pra que me fossem bem estes enleios,
Que num homem, francamente, não se podem desculpar.

Eu queria ser mulher para ter muitos amantes
E enganá-los a todos – mesmo ao predilecto –
Como eu gostava de enganar o meu amante loiro,
      o mais esbelto,
Com um rapaz gordo e feio, de modos extravagantes...

Eu queria ser mulher para excitar quem me olhasse,
Eu queria ser mulher pra me poder recusar...

TO BE A WOMAN

I would like to be a woman so that I could stretch out
beside my friends on the bench seats in the cafés.
I would like to be a woman so that I could put
rice powder on my face, in front of everybody, in our cafés.

I would like to be a woman so as not to have to think about life
and to meet many old men who I could ask for money –
I would like to be a woman in order to spend the entire day
talking about fashion and gossiping – how amusing!

I would like to be a woman so as to be able to play
        with my breasts
and arouse them in the mirror before going to bed –
I would like to be a woman so that I could act
        suitably bewildered,
something which in a man, frankly, could not be excused.

I would like to be a woman in order to have many lovers
and betray them all – even my favourite.
How I wish I could betray my blonde, most handsome lover,
with a fat, ugly and extravagantly mannered boy...

I would like to be a woman to excite those who would look at me,
I would like to be a woman so that I could say no to myself...

COMO EU NÃO POSSUO

Olho em volta de mim. Todos possuem –
Um afecto, um sorriso ou um abraço.
Só para mim as ânsias se diluem
E não possuo mesmo quando enlaço.

Roça por mim, em longe, a teoria
Dos espasmos golfados ruivamente;
São êxtases da cor que eu fremiria,
Mas a minh'alma pára e não os sente!

Quero sentir. Não sei... perco-me todo...
Não posso afeiçoar-me nem ser eu:
Falta-me egoísmo para ascender ao céu,
Falta-me unção pra me afundar no lodo.

Não sou amigo de ninguém. Pra o ser
Forçoso me era antes possuir
Quem eu estimasse – ou homem ou mulher,
E eu não logro nunca possuir!...

Castrado d'alma e sem saber fixar-me,
Tarde a tarde na minha dor me afundo...
Serei um emigrado doutro mundo
Que nem na minha dor posso encontrar-me?...

AS I DO NOT POSSESS

I look all around me. Everyone possesses –
a caress, a smile or some affection.
Only for me my longings subside
and I do not possess, even when I embrace.

The theory of spasms, spurted in red hot fire,
touches me from afar.
They are ecstasies of colour in which I should tremble,
but my soul ceases and it does not feel!

I want to feel. I do not know how, I am completely lost...
I can neither become attached, nor still be me:
I lack both the vanity to ascend to heaven,
and the anointing to sink into the mire.

I am a friend to nobody, for to be so
I would first have to possess
those I esteemed – either man or woman,
and I have never succeeded in possessing!...

Castrated of soul and not knowing the remedy,
afternoon after afternoon, I sink a little deeper into grief...
Am I an emigrant from another world
where even in the throes of my pain I cannot find myself?...

Como eu desejo a que ali vai na rua,
Tão ágil, tão agreste, tão de amor...
Como eu quisera emaranhá-la nua,
Bebê-la em espasmos de harmonia e cor!...

Desejo errado... Se a tivera um dia,
Toda sem véus, a carne estilizada
Sob o meu corpo arfando transbordada,
Nem mesmo assim – ó ânsia! – eu a teria...

Eu vibraria só agonizante
Sobre o seu corpo de êxtases dourados,
Se fosse aqueles seios transtornados,
Se fosse aquele sexo aglutinante...

De embate ao meu amor todo me ruo,
E vejo-me em destroço até vencendo:
É que eu teria só, sentindo e sendo
Aquilo que estrebucho e não possuo.

How I wish that girl over there, walking down the road,
so nimble, so wild, so full of love...
How I wish I could entwine with her naked body
and lap her up amongst the waves of harmony and colour!...

A wrong desire... If only, one day, I could possess her
naked, perfect flesh
gasping heavily underneath my body...
Not even in this way, alas, could I hope to possess her...

I would only tremble
on her body of golden ecstasies,
if I were those breasts disheveled,
if I were her passion adhered...

In colliding with my love, I completely collapse,
and I see myself shattered, even when I overcome:
only then could I have, could I feel and could I be
that which I struggle for but cannot possess.

QUASE

Um pouco mais de sol – eu era brasa.
Um pouco mais de azul – eu era além.
Para atingir, faltou-me um golpe de asa...
Se ao menos eu permanecesse aquém...

Assombro ou paz? Em vão... Tudo esvaído
Num baixo mar enganador de espuma;
E o grande sonho despertado em bruma,
O grande sonho – ó dor! – quase vivido...

Quase o amor, quase o triunfo e a chama,
Quase o princípio e o fim – quase a expansão...
Mas na minh'alma tudo se derrama...
Entanto nada foi só ilusão!

De tudo houve um começo... e tudo errou...
– Ai a dor de ser-quase, dor sem fim... –
Eu falhei-me entre os mais, falhei em mim,
Asa que se elançou mas não voou...

Momentos de alma que desbaratei...
Templos aonde nunca pus um altar...
Rios que perdi sem os levar ao mar....
Ânsias que foram mas que não fixei...

ALMOST

A little more sunshine – and I would be an ember.
A little more blue – and I would take flight.
But I lacked that impulse to get there...
If only I had remained where I was...

In wonder or in peace? In vain... All has vanished in
a deceptive shallow sea of foam;
and the great dream, awoken in mist,
the great dream – oh grief! – a dream almost lived...

Almost love, almost triumph and flame,
almost the beginning and the end – almost too much...
But in my soul, everything pours...
and yet, it was nothing but an illusion!

In all there was a beginning, but all went wrong...
– Oh the agony of being almost, an endless agony... –
I failed myself and in the midst of others failed again,
an open wing that could not fly...

Flashes of my soul I thwarted...
Temples where altars I never lay...
Rivers I lost, never taking them to sea...
Longings I felt but that were lost within...

Se me vagueio, encontro só indícios...
Ogivas para o sol – vejo-as cerradas;
E mãos de herói, sem fé, acobardadas,
Puseram grades sobre os precipícios...

Num ímpeto difuso de quebranto,
Tudo encetei e nada possuí...
Hoje, de mim, só resta o desencanto
Das coisas que beijei mas não vivi...

. . . .
. . . .

Um pouco mais de sol – e fora brasa,
Um pouco mais de azul – e fora além.
Para atingir, faltou-me um golpe de asa...
Se ao menos eu permanecesse aquém...

As I wander, only signs do I encounter...
Ways to the sun – I see them closed;
and my faithless hands of a hero
cowardly placed bars on the cliffs...

In a moment of weakness,
all I approached, but nothing I possessed…
Today, for me, there is only disappointment
for the things I kissed but never lived...

. . . .
. . . .

A little more sunshine – and I would have been an ember,
a little more blue – and I would have taken flight.
But I lacked that impulse to get there...
If only I had remained where I was...

DISPERSÃO

Perdi-me dentro de mim
Porque eu era labirinto,
E hoje, quando me sinto,
É com saudades de mim.

Passei pela minha vida
Um astro doido a sonhar.
Na ânsia de ultrapassar,
Nem dei pela minha vida...

Para mim é sempre ontem,
Não tenho amanhã nem hoje:
O tempo que aos outros foge
Cai sobre mim feito ontem.

(O Domingo de Paris
Lembra-me o desaparecido
Que sentia comovido
Os Domingos de Paris:

Porque um domingo é família,
É bem-estar, é singeleza,
E os que olham a beleza
Não têm bem-estar nem família.)

DISPERSION

I got lost within myself
because I was as a labyrinth,
and today, when I look at me,
I feel I miss myself.

I have gone through all of my life
as a star, insane, dreaming.
With such an eagerness to overcome,
I completely neglected my life…

For me, it is always yesterday,
nor do I have tomorrow or today:
the time that escapes others
falls down on me as if yesterday.

(A Sunday in Paris
reminds me of the one I've lost,
the one who was moved emotionally
by those Sundays in Paris;

for Sunday means love,
in its ease and simplicity,
and those seeking external beauty
are devoid of happiness and love.)

O pobre moço das ânsias...
Tu, sim, tu eras alguém!
E foi por isso também
Que te abismaste nas ânsias.

A grande ave dourada
Bateu asas para os céus,
Mas fechou-as saciada
Ao ver que ganhava os céus.

Como se chora um amante,
Assim me choro a mim mesmo:
Eu fui amante inconstante
Que se traiu a si mesmo.

Não sinto o espaço que encerro
Nem as linhas que projecto:
Se me olho a um espelho, erro –
Não me acho no que projecto.

Regresso dentro de mim,
Mas nada me fala, nada!
Tenho a alma amortalhada,
Sequinha, dentro de mim.

Não perdi a minha alma,
Fiquei com ela, perdida.
Assim eu choro, da vida,
A morte da minha alma.

The poor boy in all his eagerness...
Yes, you were once someone!
And that's why you also plummeted into the abyss
of your very own eagerness.

The great golden bird
took flight to the heavens,
but when satisfied his wings he relaxed,
pleased by his conquest of the heavens.

As a lover cries for another,
I too do the same for myself:
for I was an inconstant lover
who betrayed no one but myself.

I do not perceive the borders of my own space
nor the guidelines of my own project:
when I look in the mirror, I feel lost –
and can't find me in the image projected.

I venture back inside myself,
but nothing speaks to me, nothing!
My soul feels enshrouded
and arid within myself.

I did not misplace my soul,
I remained with it, lost inside.
And so I weep in life
the passing of my soul.

Saudosamente recordo
Uma gentil companheira
Que na minha vida inteira
Eu nunca vi... Mas recordo

A sua boca doirada
E o seu corpo esmaecido,
Em um hálito perdido
Que vem na tarde doirada.

(As minhas grandes saudades
São do que nunca enlacei.
Ai, como eu tenho saudades
Dos sonhos que não sonhei!...)

E sinto que a minha morte –
Minha dispersão total –
Existe lá longe, ao norte,
Numa grande capital.

Vejo o meu último dia
Pintado em rolos de fumo,
E todo azul-de-agonia
Em sombra e além me sumo.

Ternura feita saudade,
Eu beijo as minhas mãos brancas...
Sou amor e piedade
Em face dessas mãos brancas...

Wistfully I remember
a kind and gentle companion
which in the entirety of my life
I've never seen… but yet remember

her mouth so gilded,
her body in ebb,
a breath that is lost
in that afternoon, so gilded.

(And great is my longing
for what I never possessed.
How deep is my longing
for the dreams I did not dream!...)

And I feel my own death,
my total dispersion lies
far to the north, where there exists
a city so great.

My final day I see
painted in wafts of smoke,
all in an agony of blue,
vanishing in a puff of smoke.

With tenderness turned into longing,
I kiss my hands so white…
I'm love and I'm compassion
admiring those hands so white...

Tristes mãos longas e lindas
Que eram feitas pra se dar...
Ninguém mas quis apertar...
Tristes mãos longas e lindas...

E tenho pena de mim,
Pobre menino ideal...
Que me faltou afinal?
Um elo? Um rastro?... Ai de mim!...

Desceu-me n'alma o crepúsculo;
Eu fui alguém que passou.
Serei, mas já não me sou;
Não vivo, durmo o crepúsculo.

Álcool dum sono outonal
Me penetrou vagamente
A difundir-me dormente
Em uma bruma outonal.

Perdi a morte e a vida,
E, louco, não enlouqueço...
A hora foge vivida,
Eu sigo-a, mas permaneço...

. . . .
. . . .

Castelos desmantelados,
Leões alados sem juba...

. . . .
. . . .

My sad hands, long and beautiful,
which were made to be shared...
Nobody wanted to hold them...
My sad hands, long and beautiful...

And I pity myself, I pity me,
poor, perfect little boy...
What did I lack – not have?
A link? A trace?... Take pity on me!...

Into my soul descended the twilight;
I was someone who had departed.
I will be, but as yet am not;
I do not live, but sleep in twilight.

The alcohol of a sleep autumnal
has gently pervaded my body
paralyzing my existence
in a dank mist autumnal.

I have lost both death and life,
and am mad, but not driven so…
The time lived flees,
I follow it, but I just remain so…

. . . .
. . . .

Castles dismantled,
winged lions without their manes...

. . . .
. . . .

AQUELE OUTRO

O dúbio mascarado, o mentiroso
Afinal, que passou na vida incógnito.
O Rei-lua postiço, o falso atónito;
Bem no fundo, o cobarde rigoroso.

Em vez de Pajem, bobo presunçoso,
Sua Alma de neve, asco de um vómito.
Seu ânimo, cantado como indómito,
Um lacaio invertido e pressuroso.

O sem nervos nem Ânsia – o papa-açorda,
(Seu coração talvez movido a corda...)
Apesar de seus berros ao Ideal.

O raimoso, o corrido, o desleal,
O balofo arrotando Império astral,
O mago sem condão, o Esfinge gorda...

THE OTHER ONE

The duplicitous masked liar,
who after all spent his life in incognito.
The phoney Moon King, the bogus bewildered –
deep in his soul, a veritable coward.

Rather than a page boy, a conceited jester.
His soul of snow, made up of nauseous vomit.
His courage sung in all its arrogance,
a contrary and more than diligent lackey.

Devoid of emotion and unconcerned – a cold fish
(perhaps his heart moved as if clockwork...),
in spite of screaming for perfection.

The fulsome, the banished, the disloyal –
the pompous belching Celestial empire,
the powerless magician, the corpulent Sphinx...

7.
(O outro)

Eu não sou eu nem sou o outro,
Sou qualquer coisa de intermédio:
    Pilar da ponte de tédio
    Que vai de mim para o Outro.

ALÉM-TÉDIO

Nada me expira já, nada me vive –
Nem a tristeza nem as horas belas.
De as não ter e de nunca vir a tê-las,
Fartam-me até as coisas que não tive.

Como eu quisera, enfim de alma esquecida,
Dormir em paz num leito de hospital...
Cansei dentro de mim, cansei a vida
De tanto a divagar em luz irreal.

Outrora imaginei escalar os céus
À força de ambição e nostalgia,
E doente-de-Novo, fui-me Deus
No grande rastro fulvo que me ardia.

7.
(The other)

I am neither myself nor the other,
I am something in the middle:
    a pillar holding up a bridge of boredom
    that extends from me, right to the Other.

BEYOND BOREDOM

Nothing dies nor lives in me – no longer.
Neither sorrow nor the hours so beautiful.
Even things I have never had weary me,
as I have never had them and never will.

How much I desired, my soul to be forgotten,
and sleep in peace in a hospital bed...
Tired within, I tired my life
from so much wandering in an intangible light.

Once I imagined I climbed the heavens
by drive of nostalgia and ambition,
but, ill again, I believed myself God
on that long brick red trail, so very much aflame.

Parti. Mas logo regressei à dor,
Pois tudo me ruiu... Tudo era igual:
A quimera, cingida, era real,
A propria maravilha tinha cor!

Ecoando-me em silêncio, a noite escura
Baixou-me assim na queda sem remédio;
Eu próprio me traguei na profundura,
Me sequei todo, endureci de tédio.

E só me resta hoje uma alegria:
É que, de tão iguais e tão vazios,
Os instantes me esvoam dia a dia
Cada vez mais velozes, mais esguios...

I departed. But to the pain I soon returned,
for all collapsed within me... All was the same:
the chimera, confined, was real in itself,
and even the very wonder was coloured!

The dark night, echoing to me in silence,
irretrievably fell down on me whilst I was falling;
in the depths of darkness I swallowed myself whole,
and so much boredom dried out my soul.

And today only a single source of joy remains:
so much the same and so very empty,
the moments escape me and flee
    day after day after day,
faster and faster, slighter and slighter...

FIM

Quando eu morrer batam em latas,
Rompam aos saltos e aos pinotes,
Façam estalar no ar chicotes,
Chamem palhaços e acrobatas.

Que o meu caixão vá sobre um burro
Ajaezado à andaluza:
A um morto nada se recusa,
E eu quero por força ir de burro...

THE END

When I die, bang the drums,
leap up and down and pirouette,
crack the whips in the air,
call on clowns and acrobats.

Put my coffin on the back of a donkey
all attired in the Andalusian way:
for the dead should be refused nothing,
and I want to be transported on a donkey,
    come what may...

Florbela
Espanca

Florbela Espanca (Vila Viçosa, 8 December 1894 – Matosinhos, 8 December 1930) lived a prolific, tumultuous life in which she established herself, ahead of her time, at the vanguard of a body of female writers which had yet to emerge in Portugal. A contemporary of the Orpheu generation, her poetry exhibits a similar self-awareness and self-consciousness. However, rather than adopt a Modernist aesthetic, Florbela brought a fresh emotional and erotic intensity to the traditional sonnet form. In 1917 she moved to Lisbon from Évora to enroll in the law school at the University of Lisbon, one of the first women to do so. Born out of wedlock, divorced twice and married three times, bearing no children but suffering two miscarriages, her circumstances as well as her talent and independence caused her to be scorned by many of her social peers, and on her thirty-sixth birthday she committed suicide, after two previous attempts. Her poetry has enjoyed an enduring popularity within Portugal, including a number of noteworthy adaptations in popular music.

A.H.*

* Austen Hyde writes in American English.

A UMA RAPARIGA

a Nice

Abre os olhos e encara a vida! A sina
Tem que cumprir-se! Alarga os horizontes!
Por sobre lamaçais alteia pontes
Com tuas mãos preciosas de menina.

Nessa estrada da vida que fascina
Caminha sempre em frente, além dos montes!
Morde os frutos a rir! Bebe nas fontes!
Beija aqueles que a sorte te destina!

Trata por tu a mais longínqua estrela,
Escava com as mãos a própria cova
E depois, a sorrir, deita-te nela!

Que as mãos da terra façam, com amor,
Da graça do teu corpo, esguia e nova,
Surgir à luz a haste duma flor!...

TO A YOUNG GIRL

for Nice

Open your eyes and face your life! Your fate
has to come true! Fling your horizons wide!
Raise bridges up across the boggy mires
with your precious, young woman's hands.

Along the fascinating highway of your life
keep walking on ahead, on over the mountains!
Bite into fruits as you laugh! Drink from the springs!
Kiss everyone your good luck brings your way!

Wave a hello to the farthest-distant star,
use your own hands to dig yourself a grave,
and then, with a grin, lie down in it!

Then may the earth's hands lovingly
bring up into the light, out of your body's grace,
slender and new, the stalk of a flower!…

AMAR!

Eu quero amar, amar perdidamente!
Amar só por amar: Aqui... além...
Mais Este e Aquele, o Outro e toda a gente...
Amar! Amar! E não amar ninguém!

Recordar? Esquecer? Indiferente!...
Prender ou desprender? É mal? É bem?
Quem disser que se pode amar alguém
Durante a vida inteira é porque mente!

Há uma Primavera em cada vida:
É preciso cantá-la assim florida,
Pois se Deus nos deu voz, foi pra cantar!

E se um dia hei-de ser pó, cinza e nada,
Que seja a minha noite uma alvorada,
Que me saiba perder... pra me encontrar...

TO LOVE!

I want to love – love madly!
Love just to love – here... there... and beyond...
Him over there, and him right there, and everybody...
Love! Love! And not love anyone!

Remember? Forget? Doesn't matter!...
Become attached, or grow distant? Is it wrong? Is it right?
Anybody who says you can love someone
for your entire life is flat lying!

In every life there is a springtime:
it must be sung of once it blooms,
for if God gave us voices, why then we must sing!

And if one day I'll be dust, ash, and nothingness,
then may my nighttime be a dawn,
may I learn to be lost... so that I can find myself...

VOLÚPIA

No divino impudor da mocidade,
Nesse êxtase pagão que vence a sorte,
Num frémito vibrante de ansiedade,
Dou-te o meu corpo prometido à morte!

A sombra entre a mentira e a verdade...
A nuvem que arrastou o vento norte...
– Meu corpo! Trago nele um vinho forte:
Meus beijos de volúpia e de maldade!

Trago dálias vermelhas no regaço...
São os dedos do sol quando te abraço,
Cravados no teu peito como lanças!

E do meu corpo os leves arabescos
Vão-te envolvendo em círculos dantescos
Felinamente, em voluptuosas danças...

VOLUPTUOUSNESS

In the divine boldness of my youth,
in this fortune-quelling pagan ecstasy,
this quivering thrill of anticipation,
I give you my body, betrothed to death!

The shadow between truth and falsehood…
The cloud that dragged off the north wind…
– My body! In it I carry a heady wine:
my cruel, my sensuous kisses!

I carry in my lap red dahlias…
They are the sun's fingertips when I embrace you,
sticking into your chest like spears!

And my body's delicate arabesques
wrap you around in Dantean circles,
in a catlike, voluptuous dance…

OS VERSOS QUE TE FIZ

Deixa dizer-te os lindos versos raros
Que a minha boca tem pra te dizer!
São talhados em mármore de Paros,
Cinzelados por mim pra te oferecer.

Têm dolências de veludos caros,
São como sedas pálidas a arder...
Deixa dizer-te os lindos versos raros
Que foram feitos pra te endoidecer!

Mas, meu Amor, eu não tos digo ainda...
Que a boca da mulher é sempre linda
Se dentro guarda um verso que não diz!

Amo-te tanto! E nunca te beijei...
E nesse beijo, Amor, que eu te não dei
Guardo os versos mais lindos que te fiz!

THE POEM I WROTE FOR YOU

Let me tell you the exquisite poem
my lips have on them ready to tell!
Its lines are carved in Parian marble;
I chiseled them myself, just for you.

They hold rich velvet sorrows;
they burn like pale silks set on fire…
Let me give you this exquisite poem
made just for you to lose your mind!

But, my Love, I won't say it out just yet…
For there is always beauty on a woman's lips
when they conceal unspoken poetry!

I love you so much! And I've never even kissed you…
And, in that never-given kiss, my darling,
I keep the prettiest poem I've ever written you!

AMIGA

Deixa-me ser a tua amiga, Amor,
A tua amiga só, já que não queres
Que pelo teu amor seja a melhor,
A mais triste de todas as mulheres.

Que só, de ti, me venha mágoa e dor
O que me importa a mim?! O que quiseres
É sempre um sonho bom! Seja o que for,
Bendito sejas tu por mo dizeres!

Beija-me as mãos, Amor, devagarinho...
Como se os dois nascêssemos irmãos,
Aves cantando, ao sol, no mesmo ninho...

Beija-mas bem!... Que fantasia louca
Guardar assim, fechados, nestas mãos
Os beijos que sonhei prà minha boca!...

YOUR FRIEND

Let me be your friend, my Love,
only your friend, since you don't want
the saddest woman of them all
to become, through your love, the best.

Why should I care that all you ever give me
is pain and heartache? Anything you wish
is still a sweet dream! Whatever it may be,
blessed be you for telling it to me!

Kiss my hands, Love, gentle and slow…
like we were born as brother and sister,
two birds in the same nest, serenading the sunshine…

Give them sweet kisses!… What a silly fantasy,
to keep your kisses locked within my hands,
when I dreamed they would be for my lips!

MENTIRAS

Ai quem me dera uma feliz mentira
que fosse uma verdade para mim!
(Júlio Dantas)

Tu julgas que eu não sei que tu me mentes
Quando o teu doce olhar pousa no meu?
Pois julgas que eu não sei o que tu sentes?
Qual a imagem que alberga o peito teu?

Ai, se o sei, meu amor! Eu bem distingo
O bom sonho da feroz realidade...
Não palpita d'amor um coração
Que anda vogando em ondas de saudade!

Embora mintas bem, não te acredito;
Perpassa nos teus olhos desleais
O gelo do teu peito de granito...

Mas finjo-me enganada, meu encanto,
Que um engano feliz vale bem mais
Que um desengano que nos custa tanto!

LIES

Oh, to be told a blissful lie
that might for me be true!
(Júlio Dantas)

You think I don't know that you're lying to me
when your soft gaze alights on mine?
Do you really think I don't know what you feel?
What picture is framed inside your heart?

Oh, do I ever know, my love! I know
a pleasant dream from a harsh reality…
Love does not pulse within a wallowing
heart that still aches for another!

As good a liar as you are, I don't believe you;
I see your faithless eyes glazed over
in the ice of your granite-cold heart…

But I'll pretend I'm fooled, my charm –
better to play the fool to a blissful illusion
than be made a fool of shattering it!

VAIDADE

Sonho que sou a Poetisa eleita,
Aquela que diz tudo e tudo sabe,
Que tem a inspiração pura e perfeita,
Que reúne num verso a imensidade!

Sonho que um verso meu tem claridade
Para encher todo o mundo! E que deleita
Mesmo aqueles que morrem de saudade!
Mesmo os de alma profunda e insatisfeita!

Sonho que sou Alguém cá neste mundo...
Aquela de saber vasto e profundo,
Aos pés de quem a Terra anda curvada!

E quando mais no céu eu vou sonhando,
E quando mais no alto ando voando,
Acordo do meu sonho... E não sou nada!...

VANITY

I dream that I'm the Golden Girl of poets,
She who says it all and knows it all,
who finds pure and perfect inspiration,
who gathers the boundless into a single line!

I dream that in just one of my lines is a brightness
enough to fill the whole world! Delighting
even those whose hearts are sore and broken!
Even those with profound and yearning souls!

I dream that I am Somebody here in this world…
She of the vast and profound wisdom,
at whose feet the Earth bows!

And when I'm dreaming skyward at my highest,
and soaring at my loftiest up above,
I wake from my dream… And I'm nothing!…

TORRE DE NÉVOA

Subi ao alto, à minha Torre esguia,
Feita de fumo, névoas e luar,
E pus-me, comovida, a conversar
Com os poetas mortos, todo o dia.

Contei-lhes os meus sonhos, a alegria
Dos versos que são meus, do meu sonhar,
E todos os poetas, a chorar,
Responderam-me então: "Que fantasia,

Criança doida e crente! Nós também
Tivemos ilusões, como ninguém,
E tudo nos fugiu, tudo morreu!..."

Calaram-se os poetas, tristemente...
E é desde então que eu choro amargamente
Na minha Torre esguia junto ao céu!...

MISTY TOWER

I climbed up high, high up my spindly tower,
built out of smoke and mist and moonlight,
and there I spent the whole day, deeply moved,
talking with the dead poets.

I told them my dreams, told them my joy
of the poems I write, the fantasies I dream of;
and all of the poets, in tears,
replied to me then: "What an imagination

you have, poor, silly, guileless child! We, too,
had our delusions once, like nobody else,
but it all faded from us, it all died away!…"

The poets fell into a sad silence…
And ever since then I have wept bitterly
up in my spindly tower in the sky!…

A MAIOR TORTURA

a um grande poeta de Portugal

Na vida, para mim, não há deleite.
Ando a chorar convulsa noite e dia...
E não tenho uma sombra fugidia
Onde poise a cabeça, onde me deite!

E nem flor de lilás tenho que enfeite
A minha atroz, imensa nostalgia!...
A minha pobre Mãe tão branca e fria
Deu-me a beber a Mágoa no seu leite!

Poeta, eu sou um cardo desprezado,
A urze que se pisa sob os pés.
Sou, como tu, um riso desgraçado!

Mas a minha tortura inda é maior:
Não ser poeta assim como tu és
Para gritar num verso a minha Dor!...

THE WORST TORTURE

to a great Portuguese poet

Nothing in life is a pleasure to me.
I'm in tears, shaking, night and day...
without so much as a fleeting shadow
to rest my head on and lay me down!

Not even a lilac flower to grace
my vast, tormenting nostalgia!...
My poor mother, so pale and cold,
gave me Heartache to drink in her milk!

Oh, Poet, I'm a spurned thistle,
I'm the heather trodden underfoot.
I am, like you, a sorry laughingstock!

But my torture is even greater:
I can't be a poet like you are,
to shout my Pain away in a line of verse!

SER POETA

Ser Poeta é ser mais alto, é ser maior
Do que os homens! Morder como quem beija!
É ser mendigo e dar como quem seja
Rei do Reino de Aquém e de Além Dor!

É ter de mil desejos o esplendor
E não saber sequer que se deseja!
É ter cá dentro um astro que flameja,
É ter garras e asas de condor!

É ter fome, é ter sede de Infinito!
Por elmo, as manhãs de oiro e de cetim...
É condensar o mundo num só grito!

E é amar-te, assim, perdidamente...
É seres alma e sangue e vida em mim
E dizê-lo cantando a toda gente!

BEING A POET

Being a poet means being higher, being greater
than everyone! Biting like it's a kiss!
Begging like a beggar, and giving like a king
of the Kingdom of Either Side of the Sea of Pain!

It means having a thousand brilliant longings
and not even knowing that you long!
Having a twinkling star right here inside,
and the talons and wings of a condor!

It means hungering and thirsting for the Infinite!
Donning each gold and satin morning as a helmet…
Condensing the world into a single shout!

And it means loving you madly, just like this…
It means that you are soul and blood and life in me
and that I'll sing it out for all the world to hear!

INCONSTÂNCIA

Procurei o amor que me mentiu.
Pedi à Vida mais do que ela dava.
Eterna sonhadora edificava
Meu castelo de luz que me caiu!

Tanto clarão nas trevas refulgiu,
E tanto beijo a boca me queimava!
E era o sol que os longes deslumbrava
Igual a tanto sol que me fugiu!

Passei a vida a amar e a esquecer...
Um sol a apagar-se e outro a acender
Nas brumas dos atalhos por onde ando...

E este amor que assim me vai fugindo
É igual a outro amor que vai surgindo,
Que há-de partir também... nem eu sei quando...

INCONSTANCY

I went after the love that lied to me.
I asked more of Life than she would give.
Forever a dreamer, I built up high
my castle of light till it collapsed on me!

So many flashes lit up through the darkness,
and so many kisses burned up on my lips!
And the bright sun that dazzled the beyond,
was as bright as the sun that faded from me!

I've spent my life loving and forgetting…
One sun just going out as another comes alight
through the fog that hovers over the trails I travel…

And this same love now fading from me,
is equal with another love just now appearing,
which someday, too, will leave… I don't know when…

O QUE TU ÉS...

És Aquela que tudo te entristece
Irrita e amargura, tudo humilha;
Aquela a quem a Mágoa chamou filha;
A que aos homens e a Deus nada merece.

Aquela que o sol claro entenebrece,
A que nem sabe a estrada que ora trilha,
Que nem um lindo amor de maravilha
Sequer deslumbra, e ilumina e aquece!

Mar-Morto sem marés nem ondas largas,
A rastejar no chão como as mendigas,
Todo feito de lágrimas amargas!

És ano que não teve Primavera...
Ah! Não seres como as outras raparigas
Ó Princesa Encantada da Quimera!...

WHAT YOU ARE...

You're the One every little thing gets down,
rubs wrong and embitters, everything humiliates you;
you're the One Heartache called her daughter,
the One deserving nothing from man or God.

You're the One whom the bright sun darkens,
who doesn't even know what road she's traveling on,
the one without a single gleaming, wondrous love
to dazzle you, and give you light and warmth!

A Dead Sea with no tides or wide waves,
made up entirely of bitter tears,
groveling on the ground like beggar-women do!

You're a year when spring never came…
Ah! If only you could be like the other girls,
O Enchanted Princess of Dreamland!…

NOITE TRÁGICA

O Pavor e a Angústia andam dançando...
Um sino grita endechas de poentes...
Na meia-noite d'hoje, soluçando,
Que presságios sinistros e dolentes!...

Tenho medo da noite!... Padre nosso
Que estais no céu... O que a minh'alma teme!
Tenho medo da noite!... Que alvoroço
Anda nesta alma enquanto o sino geme!

Jesus! Jesus, que noite imensa e triste!...
A quanta dor a nossa dor resiste
Em noite assim que a própria Dor parece...

Ó noite imensa, ó noite do Calvário,
Leva contigo envolto no sudário
Da tua dor a dor que me não 'squece!

TRAGIC NIGHT

Panic and Anguish dance together…
A bell howls out dirges for suns that have set…
What grim and sorrowful omens
wailing away through this midnight!…

I'm afraid of this night!… Our Father
who art in heaven… How my soul dreads it!
I'm afraid of the night!… What a tumult
stirs in this soul as the bell moans on!

Jesus! Oh, Jesus, what a vast, sad night!…
How great the pain the pained withstand
on a night like this, a night like Pain itself…

Oh, vast night, oh, Calvary night,
take away with you, wrapped in the shroud
of your own pain, this pain that will not let me go!

Fernando
Pessoa

Alberto Caeiro

Ricardo Reis

Fernando Pessoa, himself

Álvaro de Campos

Fernando Pessoa

(Lisbon, 13 June 1888 – Lisbon, 30 November 1935) is not only considered one of the greatest Portuguese writers ever, but also one of the world's greatest poets of the modern era. Though being born in Lisbon, he spent his early years in Durban, South Africa. Upon returning in 1905 he made his living as a commercial translator and a drafter of business letters. Meanwhile, he wrote extensively, mainly poetry, literary and philosophical essays, and fiction. Pessoa was a member of the Orpheu generation, who introduced the Modernist movement in the literature and the arts in Portugal. In 1914, he created his three most famous heteronyms, Alberto Caeiro, Ricardo Reis and Álvaro de Campos. Although each heteronym has his own life story, personality and literary works, they are altogether expressions of Pessoa's inner complexity. This game between unity and plurality, sifted through other dichotomies such as reason and emotion, truthfulness and pretence, euphoria and depression, urban and rural, and futuristic impulse and nostalgia, is what has made Pessoa so unique in the world of poetry.

M.D.*

* Martin D'Evelin writes in British English.

O livro de Cesário Verde

Ao entardecer, debruçado pela janela,
E sabendo de soslaio que há campos em frente,
Leio até me arderem os olhos
O livro de Cesário Verde.

Que pena que tenho dele! Ele era um camponês
Que andava preso em liberdade pela cidade.
Mas o modo como olhava para as casas,
E o modo como reparava nas ruas,
E a maneira como dava pelas coisas,
É o de quem olha para árvores,
E de quem desce os olhos pela estrada por onde vai andando
E anda a reparar nas flores que há pelos campos...

Por isso ele tinha aquela grande tristeza
Que ele nunca disse bem que tinha,
Mas andava na cidade como quem anda no campo
E triste como esmagar flores em livros
E pôr plantas em jarros...

The Book of Cesário Verde

Leaning on the window at dusk,
and perceiving the fields outside from the corner of my sight,
I read until my eyes bleed
"The Book of Cesário Verde".

I feel so sorry for him! He was a simple countryman
who walked around the city as if lost in his own freedom.
But the way he looked at houses,
and the way he noticed the streets,
and the way he discovered things,
is the same way one looks at trees,
lowers one's eyes when walking along a road,
or acknowledges the flowers in the fields...

So he had that deep sadness
he never quite revealed he had,
but he walked in the city as if walking in the fields,
and sad, as if pressing petals between the pages of a book
and putting flowers into jugs...

Sou um guardador de rebanhos

Sou um guardador de rebanhos.
O rebanho é os meus pensamentos
E os meus pensamentos são todos sensações.
Penso com os olhos e com os ouvidos
E com as mãos e os pés
E com o nariz e a boca.
Pensar uma flor é vê-la e cheirá-la
E comer um fruto é saber-lhe o sentido.

Por isso quando num dia de calor
Me sinto triste de gozá-lo tanto,
E me deito ao comprido na erva,
E fecho os olhos quentes,
Sinto todo o meu corpo deitado na realidade,
Sei a verdade e sou feliz.

I am a keeper of flocks

I am a keeper of flocks.
The flocks are my thoughts
and all my thoughts are sensations.
I think with my eyes and my ears,
with my hands and with my feet
and with my nose and my mouth.
For to consider a flower is to both see it and smell it
and to eat of fruit is to understand its meaning.

So when the sun is at its brightest
and I feel guilty for embracing it,
I stretch out, supine, on the grassy earth,
and close my sun drenched eyes.
I view my entire body lying firmly on reality,
I know the truth, and am content.

Tu, místico

Tu, místico, vês uma significação em todas as coisas.
Para ti tudo tem um sentido velado.
Há uma coisa oculta em cada coisa que vês.
O que vês, vê-lo sempre para veres outra coisa.

Para mim graças a ter olhos só para ver,
Eu vejo ausência de significação em todas as coisas;
Vejo-o e amo-me, porque ser uma coisa é não significar nada.
Ser uma coisa é não ser susceptível de interpretação.

You, mystic

You, mystic, see significance in all things.
Everything for you has a meaning, veiled.
There is something hidden in all that you see.
And what you see is always seen as something else.

As seeing is the only thing my eyes can do,
I see an absence of meaning in all things;
I see them and love myself, as to be a thing has
        no significance.
To be a thing is to not be open to interpretation.

Se quiserem que eu tenha um misticismo

Se quiserem que eu tenha um misticismo, está bem, tenho-o.
Sou místico, mas só com o corpo.
A minha alma é simples e não pensa.

O meu misticismo é não querer saber.
É viver e não pensar nisso.

Não sei o que é a Natureza: canto-a.
Vivo no cimo dum outeiro
Numa casa caiada e sozinha,
E essa é a minha definição.

If you want me to have mysticism

If you want me to have mysticism, well I have it.
But I am mystical only in a corporeal manner.
My soul is simple and does not think.

My mysticism is wanting not to know.
It is just to live my life and not to wonder.

I have no knowledge of Mother Earth – though in awe.
I live high up on a hill,
in a secluded, whitewashed home,
and this, for me, is life defined.

O mistério das coisas

O mistério das coisas, onde está ele?
Onde está ele que não aparece
Pelo menos a mostrar-nos que é mistério?
Que sabe o rio e que sabe a árvore
E eu, que não sou mais do que eles, que sei disso?
Sempre que olho para as coisas e penso no que os homens
    pensam delas,
Rio como um regato que soa fresco numa pedra.

Porque o único sentido oculto das coisas
É elas não terem sentido oculto nenhum,
É mais estranho do que todas as estranhezas
E do que os sonhos de todos os poetas
E os pensamentos de todos os filósofos,
Que as coisas sejam realmente o que parecem ser
E não haja nada que compreender.

Sim, eis o que os meus sentidos aprenderam sozinhos: –
As coisas não têm significação: têm existência.
As coisas são o único sentido oculto das coisas.

The mystery of things

The mystery of things, where is it?
Where is it that it does not reveal itself
at least to show us that it is indeed a mystery?
What do the trees and rivers know,
and what can I know, I who am no more than they?
And when I consider what people think of them,
I begin to laugh like a fresh stream flowing over stones.

Because the only hidden meaning of things
is that they have no meaning to hide.
And stranger than all that is strange,
stranger than the dreams of all the poets,
and the thoughts of all the philosophers,
is the fact that things are just as they appear to be;
and that there is nothing left to understand.

And yes, here is what my senses have, by themselves, learnt:
that things have no significance, but an existence only.
Things are the only hidden meaning of things.

Pensar em Deus é desobedecer a Deus

Pensar em Deus é desobedecer a Deus,
Porque Deus quis que o não conhecêssemos,
Por isso se nos não mostrou...

Sejamos simples e calmos,
Como os regatos e as árvores,
E Deus amar-nos-á fazendo de nós
Belos como as árvores e os regatos,
E dar-nos-á verdor na sua primavera,
E um rio aonde ir ter quando acabemos!...

To think about God is to disobey God

To think about God is to disobey God,
for God desired us not to know him
and thus he hid away from sight…

So let us be as simple and tranquil,
as the streams and trees,
and God will love us for being so,
and make us as beautiful as they,
and give us the green of springtime,
and a river to go to at the end of days!…

Uns, com os olhos postos no passado

Uns, com os olhos postos no passado,
Vêem o que não vêem; outros, fitos
Os mesmos olhos no futuro, vêem
O que não pode ver-se.

Porque tão longe ir pôr o que está perto –
A segurança nossa? Este é o dia,
Esta é a hora, este o momento, isto
É quem somos, e é tudo.

Perene flui a interminável hora
Que nos confessa nulos. No mesmo hausto
Em que vivemos, morreremos. Colhe
O dia, porque és ele.

With one eye on the past

With one eye on the past,
some see which they cannot see,
whilst others in the future see
that which cannot be seen.

Why go so far, look closer!
What is freedom? The day is here!
This is the hour, the moment;
and this moment is who we are and that is that.

Forever flowing, the eternal hour
reveals our insignificance.
In a single gasp we live and die, so seize the day,
for the day is simply who you are.

Sim, sei bem

Sim, sei bem
Que nunca serei alguém.
    Sei de sobra
Que nunca terei uma obra.
    Sei, enfim,
Que nunca saberei de mim.
    Sim, mas agora,
Enquanto dura esta hora,
    Este luar, estes ramos,
Esta paz em que estamos,
    Deixem-me me crer
O que nunca poderei ser.

Yes, I know

Yes, I know that
I'll forever be a nobody.
    I know very well that
a single work I shall not complete.
    And more so that
I'll never know me.
    Yes, but now,
whilst this time lasts,
    this moonlight, these arms,
this peace that we feel,
    permit me to believe
that which I may never be.

Prefiro rosas, meu amor, à pátria

Prefiro rosas, meu amor, à pátria,
E antes magnólias amo
Que a glória e a virtude.

Logo que a vida me não canse, deixo
Que a vida por mim passe
Logo que eu fique o mesmo.

Que importa àquele a quem já nada importa
Que um perca e outro vença,
Se a aurora raia sempre,

Se cada ano com a Primavera
As folhas aparecem
E com o Outono cessam?

E o resto, as outras coisas que os humanos
Acrescentam à vida,
Que me aumentam na alma?

Nada, salvo o desejo de indiferença
E a confiança mole
Na hora fugitiva.

I prefer roses, my love, to my homeland

I prefer roses, my love, to my homeland,
and love magnolias
rather than glory and virtue.

Provided life does not weary,
I'll let life pass slowly by,
on the condition that I stay the same.

What does it matter to those, for whom nothing matters,
if one man loses and another man wins,
if the dawn forever rises,

and if in every year
leaves appear in spring,
and if in autumn fall?

As to the rest, the other things which we mortals
attach to our existence,
how do they reinforce the soul?

Nothing, aside a need for indifference
and a serene faith
in the inevitable passing of time.

Sofro, Lídia, do medo do destino

Sofro, Lídia, do medo do destino.
Qualquer pequena coisa de onde pode
Brotar uma ordem nova em minha vida,
    Lídia, me aterra.
Qualquer coisa, qual seja, que transforme
Meu plano curso de existência, embora
Para melhores coisas o transforme,
    Por transformar
Odeio, e não o quero. Os deuses dessem
Que ininterrupta minha vida fosse
Uma planície sem relevos, indo
    Até ao fim.
A glória embora eu nunca haurisse, ou nunca
Amor ou justa estima dessem-me outros,
Basta que a vida seja só a vida
    E que eu a viva.

I suffer, Lydia, from the fear of fate

I suffer, Lydia, from the fear of fate.
And any small thing which may
set forth a new order in my life,
        Lydia, overwhelms and frightens me –
anything which may alter the course
of my prearranged existence, although
to better things they may turn,
        for change is what I hate,
and something I do not want.
How good it would be if the gods gave me
a life unbroken, a barren plain, stretching out until
        the very end of days.
To glory I have never aspired, nor given
love or been esteemed by others,
as it is simply enough that life is what it is
        and that I live it.

Nada fica de nada

Nada fica de nada. Nada somos.
Um pouco ao sol e ao ar nos atrasamos
Da irrespirável treva que nos pese
    Da húmida terra imposta,
Cadáveres adiados que procriam.

Leis feitas, estátuas vistas, odes findas –
Tudo tem cova sua. Se nós, carnes
A que um íntimo sol dá sangue, temos
    Poente, porque não elas?
Somos contos contando contos, nada.

Nothing remains of nothing

Nothing remains of nothing. We are nothing.
With a little sun and air, we hold back, delay
the stifling darkness that weighs heavy
    on the moistened land.
We are all death deferred, and we multiply.

Laws created, statues viewed, odes concluded –
everything has its graves, and if we, who are given life
by an intimate sun,
    too must rest, why not everything else?
We tell tales upon tales – we are nothing.

AUTOPSICOGRAFIA

O poeta é um fingidor
Finge tão completamente
Que chega a fingir que é dor
A dor que deveras sente.

E os que lêem o que escreve,
Na dor lida sentem bem,
Não as duas que ele teve,
Mas só a que eles não têm.

E assim nas calhas de roda
Gira, a entreter a razão,
Esse comboio de corda
Que se chama coração.

AUTOPSYCHOGRAPHY

The Poet is a feigner,
feigning so completely
that even the pain he feigns
is a pain he feels so deeply.

And those who read his words
by reading truly feel
not the two pains of the poet,
just the one they lack, unreal.

And thus on its tracks turning,
to inspire the mind and impart,
there's a clockwork locomotive of string
known simply as the heart.

ISTO

Dizem que finjo ou minto
Tudo que escrevo. Não.
Eu simplesmente sinto
Com a imaginação.
Não uso o coração.

Tudo o que sonho ou passo,
O que me falha ou finda,
É como que um terraço
Sobre outra coisa ainda.
Essa coisa é que é linda.

Por isso escrevo em meio
Do que não está ao pé,
Livre do meu enleio,
Sério do que não é.
Sentir? Sinta quem lê!

THIS

It is said I pretend or lie about
all that I write. But no.
I simply feel with
imagination,
abandoning the heart.

All that I dream about or pass,
which fails me or just ends,
is simply skin deep;
yet only that which is found beneath
is full of beauty.

For this, I write about things not close,
free of all emotion and constraints,
serious about all that is not.
Oh to feel?
Feel the ones who read!

O MENINO DA SUA MÃE

No plaino abandonado
Que a morna brisa aquece,
De balas traspassado
– Duas, de lado a lado –,
Jaz morto, e arrefece.

Raia-lhe a farda o sangue.
De braços estendidos,
Alvo, louro, exangue,
Fita com olhar langue
E cego os céus perdidos.

Tão jovem! que jovem era!
(Agora que idade tem?)
Filho único, a mãe lhe dera
Um nome e o mantivera:
"O menino da sua mãe".

Caiu-lhe da algibeira
A cigarreira breve.
Dera-lha a mãe. Está inteira
E boa a cigarreira.
Ele é que já não serve.

HIS MOTHER'S DARLING BOY

On the abandoned plain,
warmed by a gentle breeze,
punctured by bullets
– two on either side –,
cold and lifeless he lies.

A uniform streaked with blood,
arms, sprawling, unfurled,
pale, blond, drained of life,
he looks on with an absent stare
at skies now lost from sight.

So young! So very young was he!
– How old? How old? –
An only child his mother named,
a name so very dear:
his mother's darling boy.

Out of his pocket fallen,
a small cigarette case rests
– a gift from his mother.
A case complete and fitting,
for it is not it but the boy
who can no longer serve.

De outra algibeira, alada
Ponta a roçar o solo,
A brancura embainhada
De um lenço... Deu-lho a criada
Velha que o trouxe ao colo.

Lá longe, em casa, há a prece:
"Que volte cedo, e bem!"
(Malhas que o Império tece!)
Jaz morto, e apodrece,
O menino da sua mãe.

From another pocket thrown,
with a single tip touching earth,
a handkerchief sheathed in whiteness hangs
– a present from the old housemaid,
in whose lap he used to play.

At home, so far away, is a prayer
asking for his early and safe return,
(a tangled web the empire weaves!)
while dead and rotting lies
his mother's darling boy.

A criança que fui chora na estrada

A criança que fui chora na estrada.
Deixei-a ali quando vim ser quem sou;
Mas hoje, vendo que o que sou é nada,
Quero ir buscar quem fui onde ficou.

Ah, como hei-de encontrá-lo? Quem errou
A vinda tem a regressão errada.
Já não sei de onde vim nem onde estou.
De o não saber, minha alma está parada.

Se ao menos atingir neste lugar
Um alto monte, de onde possa enfim
O que esqueci, olhando-o, relembrar,

Na ausência, ao menos, saberei de mim,
E, ao ver-me tal qual fui ao longe, achar
Em mim um pouco de quando era assim.

The child I once was still weeps on the road

The child I once was still weeps on the road,
where he was left when I came to be who I am;
but today, realising that I am nothing,
I want to take back the child I once was.

Ah! How shall I find him? For those who take
the wrong path face many false turnings.
I no longer know where I come from nor where I stand,
and in the not knowing my soul has ceased to move.

If only I were able to scale
the peak of the mountain, and from there finally
see and relive all that I have forgotten,

though in absence, at least I would find a trace of myself,
and, by seeing from afar the boy I once was,
I would recover, once again, a slice of that past.

O INFANTE

Deus quer, o homem sonha, a obra nasce.
Deus quis que a terra fosse toda uma,
Que o mar unisse, já não separasse.
Sagrou-te, e foste desvendando a espuma.

E a orla branca foi de ilha em continente,
Clareou, correndo, até ao fim do mundo,
E viu-se a terra inteira, de repente,
Surgir, redonda, do azul profundo.

Quem te sagrou criou-te português.
Do mar e nós em ti nos deu sinal.
Cumpriu-se o Mar, e o Império se desfez.
Senhor, falta cumprir-se Portugal!

THE PRINCE

God desires it, mankind dreams it, a work is born.
God desired the earth to be as one,
that the sea should unite, no longer separate,
and you he favoured to unveil the foam.

The whiteness edged all, from isle to continent,
flowing swiftly from pole to pole.
All of a sudden, the whole earth, uncovered,
emerged, round, from depths of blue.

He who blessed you made you Portuguese,
giving us a sign of our part in both you and sea.
The Sea accomplished, the Empire dissolved.
Oh lord, Portugal awaits, still to be fulfilled!

MAR PORTUGUÊS

Ó mar salgado, quanto do teu sal
São lágrimas de Portugal!
Por te cruzarmos, quantas mães choraram,
Quantos filhos em vão rezaram!
Quantas noivas ficaram por casar
Para que fosses nosso, ó mar!

Valeu a pena? Tudo vale a pena
Se a alma não é pequena.
Quem quer passar além do Bojador
Tem que passar além da dor.
Deus ao mar o perigo e o abismo deu,
Mas nele é que espelhou o céu.

THE SEA OF PORTUGAL

Oh salt laden sea, how much of your salt
belongs to the tears of Portugal!
By crossing your waters, how many mothers wept,
how many sons and daughters prayed in vain!
How many would be brides denied
for you to be ours, oh sea!

Was it all worth it – the price that was paid?
All is worth doing, if one is great of soul.
Beyond the Cape of Bojador, for those who dare to sail,
all pain must be renounced, all suffering cast off.
Perils and unfathomable depths to the sea gave God,
for the sky above is mirrored within.

ODE TRIUNFAL

excerto

À dolorosa luz das grandes lâmpadas eléctricas da fábrica
Tenho febre e escrevo.
Escrevo rangendo os dentes, fera para a beleza disto,
Para a beleza disto totalmente desconhecida dos antigos.

Ó rodas, ó engrenagens, *r-r-r-r-r-r* eterno!
Forte espasmo retido dos maquinismos em fúria!
Em fúria fora e dentro de mim,
Por todos os meus nervos dissecados fora,
Por todas as papilas fora de tudo com que eu sinto!
Tenho os lábios secos, ó grandes ruídos modernos,
De vos ouvir demasiadamente de perto,
E arde-me a cabeça de vos querer cantar com um excesso
De expressão de todas as minhas sensações,
Com um excesso contemporâneo de vós, ó máquinas!

...

ODE TRIUMPHANT

excerpt

Under the powerful light of the industrial lamps
I possess a fever and through gritted teeth I write.
I write, overcome, drunk with all this beauty,
a beauty entirely unknown to the ancients.

Oh wheels, oh gears, *grrrrrind* eternally!
Mighty spasms constricted by machines enraged!
A thunderous rage both within and without,
pervading all my nerves detached,
all my taste buds, all I feel with!
My lips are dry, oh noise so loud and so modern,
as you I hear with such close intensity,
and my head burns from singing you with excess
in pronouncement of all that I feel,
with an exuberance to match yours, oh machines!

...

TABACARIA
excerto

Não sou nada.
Nunca serei nada.
Não posso querer ser nada.
À parte isso, tenho em mim todos os sonhos do mundo.

...

Falhei em tudo.
Como não fiz propósito nenhum, talvez tudo fosse nada.
A aprendizagem que me deram,
Desci dela pela janela das traseiras da casa.
Fui até ao campo com grandes propósitos.
Mas lá encontrei só ervas e árvores,
E quando havia gente era igual à outra.
Saio da janela, sento-me numa cadeira. Em que hei-de pensar?

...

THE TOBACCONIST

excerpt

I am nothing.
I shall always be nothing.
I cannot hope but to be nothing.
That apart, I have in me all the dreams of the world.

...

I have failed in all.
Without a purpose, maybe all was nothing.
And all the learning I received
flew out of the window at the rear of the house.
So I went to the fields with intentions so great.
But there all I found was grass and trees,
and everyone I met was the same as everyone else.
I move away from the window and sit on a chair.
    About what should I think?

...

LISBON REVISITED (1926)

Nada me prende a nada.
Quero cinquenta coisas ao mesmo tempo.
Anseio com uma angústia de fome de carne
O que não sei que seja –
Definidamente pelo indefinido...
Durmo irrequieto, e vivo num sonhar irrequieto
De quem dorme irrequieto, metade a sonhar.

Fecharam-me todas as portas abstractas e necessárias.
Correram cortinas de todas as hipóteses que eu poderia
     ver na rua.
Não há na travessa achada número de porta que me deram.

Acordei para a mesma vida para que tinha adormecido.
Até os meus exércitos sonhados sofreram derrota.
Até os meus sonhos se sentiram falsos ao serem sonhados.
Até a vida só desejada me farta – até essa vida...

Compreendo a intervalos desconexos;
Escrevo por lapsos de cansaço;
E um tédio que é até do tédio arroja-me à praia.

LISBON REVISITED (1926)

Nothing connects me to nothing.
I want dozens of things at the same time.
Anguished, as if in hunger for flesh,
I long for something
though I know not what it is –
decidedly I am unsure...
Turbulent in sleep and restless in dream,
sleeping fitfully, dreaming in halves.

All doors denied, both real and imagined.
All curtains drawn tight, all speculations hidden from view.
I found the lane but not the door whose number
    I'd been given.

I woke up to the same life, a life I had slept.
Even the armies of my dreams conceded defeat.
Even my dreams believed themselves to be what they were not.
Even a life desired would give me no rest – even that life...

My understanding is inconstant, lacking in focus;
I write and rewrite through lapses of fatigue;
and when my boredom itself begins to get bored
it drags me off to the beach.

Não sei que destino ou futuro compete à minha angústia
    sem leme;
Não sei que ilhas do Sul impossível aguardam-me náufrago;
Ou que palmares de literatura me darão ao menos um verso.

Não, não sei isto, nem outra coisa, nem coisa nenhuma...
E, no fundo do meu espírito, onde sonho o que sonhei,
Nos campos últimos da alma onde memoro sem causa
(E o passado é uma névoa natural de lágrimas falsas),
Nas estradas e atalhos das florestas longínquas
Onde supus o meu ser,
Fogem desmantelados, últimos restos
Da ilusão final,
Os meus exércitos sonhados, derrotados sem ter sido,
As minhas coortes por existir, esfaceladas em Deus.

Outra vez te revejo,
Cidade da minha infância pavorosamente perdida...
Cidade triste e alegre, outra vez sonho aqui...
Eu? Mas sou eu o mesmo que aqui vivi, e aqui voltei,
E aqui tornei a voltar, e a voltar,
E aqui de novo tornei a voltar?
Ou somos todos os Eu que estive aqui ou estiveram,
Uma série de contas-entes ligadas por um fio-memória,
Uma série de sonhos de mim de alguém de fora de mim?

Outra vez te revejo,
Com o coração mais longínquo, a alma menos minha.

My destiny unknown, an anguished ship without rudder;
I do not know which uncharted southern isles await
    my casting, my shipwreck;
nor what literary palms will deliver me a verse.

No, neither this, nor that, nor anything else do I know…
And deep inside, where my dreams dreamt their own,
in the last fields of my soul where I remember without reason
(the past being simply a mist of false tears),
on the roads and paths crisscrossing the forests afar
where I supposed my own very being resided,
the armies of my dreams, defeated without ever having been,
my would-be followers, torn apart by God,
flee as if laid bare, the final remains
of the ultimate illusion.

Once more I see you,
city of my youth so tragically lost…
Oh sad but joyful city, once again in you I can dream…
But am I the same man who lived here, and here returned,
and to here kept on returning and returning,
and once again I come to return?
Or am I all of those I's who were here,
a series of beads, held together by a thread of memory,
a series of dreams, with me looking on?

And once more I see you,
my heart at a distance, my soul much less so.

Outra vez te revejo – Lisboa e Tejo e tudo –,
Transeunte inútil de ti e de mim,
Estrangeiro aqui como em toda a parte,
Casual na vida como na alma,
Fantasma a errar em salas de recordações,
Ao ruído dos ratos e das tábuas que rangem
No castelo maldito de ter que viver...

Outra vez te revejo,
Sombra que passa através de sombras, e brilha
Um momento a uma luz fúnebre desconhecida,
E entra na noite como um rastro de barco se perde
Na água que deixa de se ouvir...

Outra vez te revejo,
Mas, ai, a mim não me revejo!
Partiu-se o espelho mágico em que me revia idêntico,
E em cada fragmento fatídico vejo só um bocado de mim –
Um bocado de ti e de mim!...

Once more I see you – Lisbon, my city, the Tagus and all –,
an inept passerby of both you and myself,
a stranger here as in everywhere else,

uncertain in life, erratic in soul,
a mere ghost of memories haunting rooms,
to the sounds of mice and the creaking of floorboards,
in my castle so damned; in this life I must live…

Once more I see you,
a shadow traversing shadows, aglow for a moment
under a funereal light unknown,
stepping smoothly into the night, like the wake of a
        boat vanishing
as the sound of the water fades quietly away…

Once more I see you,
but alas, myself, I do not!
The magical mirror in which my image reflected, cracked,
and in each fateful shard remains a fragment of me –
a fragment of you and me!…

Portuguese poetry translated into English

Almeida, Onésimo Teotónio, ed., and George Monteiro, trans. 1983. *The Sea Within: A Selection of Azorean Poems*. Providence, RI: Gávea-Brown.

Botto, António, and Fernando Pessoa, trans. 2010. *The Songs of António Botto*, edited by Josiah Blackmore. Minneapolis, MN: University of Minnesota Press.

Camões, Luís de, and Keith Bosley, trans. 1990. *Epic & Lyric*. Edited by L. C. Taylor. Manchester: Carcanet Press, in association with the Calouste Gulbenkian Foundation.

Camões, Luís de, and Landeg White, trans. 1997. *The Lusiads*. Oxford: Oxford University Press.

Camões, Luís de, and Landeg White, trans. 2008. *The Collected Lyric Poems of Luís de Camões*. Princeton, NJ: Princeton University Press.

Camões, Luís de, and Richard Zenith, trans. 2009. *Sonnets and Other Poems*. Dartmouth, MA: University of Massachusetts.

Camões, Luís de, and William Baer, trans. 2005. *Selected Sonnets*. Chicago, IL: University of Chicago Press.

Camões, Luís de, and William C. Atkinson, trans. 1973. *The Lusiads*. Harmondsworth, Middlesex: Penguin Books.

Longland, Jean R., trans. 1966. *Selections from Contemporary Portuguese Poetry: A Bilingual Selection*. New York: Harvey House.

Macedo, Helder, and Ernesto Manuel de Melo e Castro, eds. 1978. *Contemporary Portuguese Poetry: An Anthology in English*. Manchester: Carcanet New Press.

Pessoa, Fernando, and David Butler, trans. 2004. *Selected Poems*. Dublin: Dedalus.

Pessoa, Fernando, and George Monteiro, trans. 1988. *Self-Analysis and Thirty Other Poems*. Lisbon: Calouste Gulbenkian Foundation.

Pessoa, Fernando, and Jonathan Griffin, trans. 2007. *Message; Mensagem*. Exeter: Shearsman Books & Menard Press.

Pessoa, Fernando, and Richard Zenith, trans. 1998. *Fernando Pessoa & Co.: Selected Poems*. New York: Grove Press.

Pessoa, Fernando, and Richard Zenith, trans. 2006. *A Little Larger Than the Entire Universe: Selected Poems*. New York: Penguin Books.

Pessoa, Fernando, and Richard Zenith, trans. 2008. *Forever Someone Else: Selected Poems*. Lisboa: Assírio & Alvim.

Quental, Antero de, and Edgar Prestage, trans. 1894. *Anthero de Quental: Sixty-Four Sonnets Englished by Edgar Prestage*. London: D. Nutt.

Quental, Antero de, and S. Griswold Morley, trans. 1973. *Sonnets and Poems of Anthero de Quental.* Westport, CT: Greenwood Press.

Verde, Cesário, and Richard Zenith, trans. 2011. *The Feeling of a Westerner*. Dartmouth, MA: University of Massachusetts.

Zenith, Richard, trans. 1999. *Portuguese Poetry after Pessoa*. Lisboa: Contexto.

Zenith, Richard, trans., and Alexis Levitin, trans. 2015. *28 Portuguese Poets: A Bilingual Anthology*, edited by Richard Zenith. Dublin: Dedalus.

On Portuguese Poetry and Literature

Earle, T. F. 1980. *Theme and Image in the Poetry of Sá de Miranda*. Oxford: Oxford University Press.

Earle, T. F. 1988. *The Muse Reborn: The Poetry of António Ferreira*. Oxford: Clarendon Press.

Kotowicz, Zbigniew. 2008. *Fernando Pessoa: Voices of a Nomadic Soul*. Exeter: Shearsman Books.

Macedo, Helder, ed. 1992. *Studies in Portuguese Literature and History in honour of Luís de Sousa Rebelo*. London: Tamesis Books.

Monteiro, George, ed. 1982. *The Man Who Never Was: Essays on Fernando Pessoa. Providence*, RI: Gávea-Brown.

Monteiro, George. 1996. *The Presence of Camões: Influences on the Literature of England, America, and Southern Africa*. Lexington, KY: University Press of Kentucky.

Monteiro, George. 1998. *The Presence of Pessoa: English, American, and Southern African Literary Responses*. Lexington, KY: University Press of Kentucky.

Monteiro, George. 2000. *Fernando Pessoa and Nineteenth-Century Anglo-American Literature*. Lexington, KY: University Press of Kentucky.

Parkinson, Stephen, Cláudia Pazos Alonso, and T. F. Earle, eds. 2009. *A Companion to Portuguese Literature*. Woodbridge: Tamesis.

Sadlier, Darlene J. 1998. *An Introduction to Fernando Pessoa: Modernism and the Paradoxes of Authorship*. Gainesville: University Press of Florida.

Tamen, Miguel, and Helena Carvalhão Buescu, eds. 1999. *A Revisionary History of Portuguese Literature*. New York: Garland Pub.

Vieira, Nelson H., ed. 1983. *Roads to Today's Portugal: Essays on Contemporary Portuguese Literature, Art and Culture*. Providence, RI: Gávea-Brown.